高寒高落差山区高速公路运营

安全风险分级管控与隐患排查治理指南

黄　兵　袁飞云　吴　斌
刘家民　孙家升　主编

人民交通出版社股份有限公司
北京

内 容 提 要

本书介绍了高寒高落差山区高速公路运营企业如何开展生产安全风险分级防控和隐患排查治理双重预防机制建设。本书内容包括双重预防机制建设的政策要求及高寒高落差山区高速公路的特点、高速公路运营安全生产管理制度建设、高寒高落差山区高速公路安全风险分级防控流程及方法、高寒高落差山区高速公路运营事故隐患排查标准、高寒高落差山区高速公路运营隐患排查治理工作机制建设实践。

本书适合高速公路运营企业管理人员、技术人员等阅读，也可作为相关行业各级管理人员和基层岗位员工安全管理培训用书。

图书在版编目（CIP）数据

高寒高落差山区高速公路运营安全风险分级管控与隐患排查治理指南 / 黄兵等主编 . — 北京：人民交通出版社股份有限公司，2023.9

ISBN 978-7-114-18623-3

Ⅰ. ①高…　Ⅱ. ①黄…　Ⅲ. ①高速公路—交通运输管理—安全管理—风险管理—指南②高速公路—交通运输管理—安全隐患—安全检查—指南　Ⅳ. ① U491-62

中国国家版本馆 CIP 数据核字（2023）第 009623 号

Gaohan Gao Luocha Shanqu Gaosu Gonglu Yunying Anquan Fengxian Fenji Guankong yu Yinhuan Paicha Zhili Zhinan

书　　名：高寒高落差山区高速公路运营安全风险分级管控与隐患排查治理指南
著 作 者：黄　兵　袁飞云　吴　斌　刘家民　孙家升
责任编辑：郭晓旭
责任校对：孙国靖　宋佳时
责任印制：张　凯
出版发行：人民交通出版社股份有限公司
地　　址：（100011）北京市朝阳区安定门外外馆斜街3号
网　　址：http：//www.ccpcl.com.cn
销售电话：（010）59757973
总 经 销：人民交通出版社股份有限公司发行部
经　　销：各地新华书店
印　　刷：北京虎彩文化传播有限公司
开　　本：787×1092　1/16
印　　张：11.625
字　　数：221千
版　　次：2023年9月　第1版
印　　次：2023年9月　第1次印刷
书　　号：ISBN 978-7-114-18623-3
定　　价：68.00元

《高寒高落差山区高速公路运营安全风险分级管控与隐患排查治理指南》

参 编 人 员

单　　位： 四川藏区高速公路有限责任公司

技术顾问： 陈　渤　郑　斌

主　　编： 黄　兵　袁飞云　吴　斌　刘家民　孙家升

副 主 编： 王昊宇　张原嘉　张文居　张　乐　凌云洁

编　　委： 狄海波　袁龙涛　李世佳　何　勇　张武先
莫　飞　杨飞雄　张骞棋　李　智　甘　好
何　礼　汤　斌　罗光雷　张　宇　谭俊冬
袁　江　周　鸿　陶　超　朱　毅　张明强
潘华成　陈　剑　黄　静　陈霞艺　杜　江
刘佳亮　巫尚蔚　刘克辉　李　强　刘小华
王乙钧

前言
FOREWORD

近年来，如何预防遏制重特大安全生产事故的发生引起了全社会的重视，成为安全生产研究领域的重要方向并纳入国家安全生产工作重点。国家要求深入分析容易发生重特大事故的行业领域及关键环节，构建安全风险分级管控、隐患排查治理双重预防工作机制，充分发挥安防工程、防控技术和管理制度的综合作用。

双重预防机制是一种超前预防生产安全事故发生的管理方法，通过辨识风险，采取预防措施，防止安全风险防控不到位演变为事故隐患以及事故隐患升级导致生产安全事故发生，从而实现安全生产关口前移。安全生产理论和实践证明，只有建立了系统化的安全预防控制体系，将风险控制在隐患形成之前，把隐患消灭在萌芽状态，才能更有效地防范事故的发生。

本书以四川藏区高速公路有限责任公司为例，通过建立高寒高落差山区高速公路运营安全事故隐患排查标准，对高速公路运营过程进行危险源辨识，形成安全风险库、隐患排查清单。运用系统安全评价方法，结合现有相关标准规范及专家知识和经验，对高速公路运营产生的安全风险进行评估及分级，建立高速公路运营安全风险定性、定量分级判定标准，构建与企业实际相结合的、系统化的隐患排查与治理的闭环管理工作程序。

全书主要内容体现在以下几个方面：

一是双重预防机制建设的政策要求及高寒高落差山区高速公路工程特点。从国家、省级、企业层面对双重预防机制要求进行阐述，对安全生产标准化工作要求及双重预防工作流程及方法、高寒高落差山区高速公路工程的特点等进行了介绍。

二是高速公路运营安全生产管理制度建设。通过对安全规章制度建设，安全生产责任制目的和意义、内容、要求、程序等的介绍，阐述了高速公路运营安全生产责任制的建立。

三是高寒高落差山区高速公路风险分级防控流程及方法。依据组织管理层级，针对每项生产经营活动关键点，划分风险点，辨识风险因素，评估风险等级，落实管控措施的生产经营全过程风险管控方法。

四是高寒高落差山区高速公路运营事故隐患排查标准。通过对生产安全事故隐患定义、生产安全事故隐患分级方法、重大生产安全事故隐患判定标准的研究分析，设计出高速公路运营管理期安全生产安全事故隐患分级标准初步方案。

五是高寒高落差山区高速公路运营隐患排查治理工作机制建设实践。针对高速公路运营全过程现场实际情况，取得一定的实践成果，制订高寒高落差山区高速公路运营企业的隐患排查机制设计、高寒高落差山区高速公路运营企业的隐患排查治理体系设计、高寒高落差山区高速公路运营企业的隐患排查治理台账等，为企业开展风险分级防控探索出一些可复制、可操作、可推广的经验。

企业安全的关键在管理，管理的核心在方法，方法的灵魂在思维。构建双重预防工作机制就是让“忧者无忧，优者更优”。按照国务院安全生产委员会办公室双重预防工作顶层设计要求，高速公路运营企业要在安全生产管理和遏制重特大事故方面，探索出一套适合自己的工作方法，这套方法就是安全生产关口前移、纵深防御，行预防之道。

本书重在解读国家安全风险分级防控和隐患排查治理双重预防机制建设的基本要求和重点内容，与各专业生产安全风险防控指南相辅相成，用于指导高速公路运营企业贯彻落实双重预防机制建设的要求，健全风险防范化解机制，提高安全生产水平，确保安全生产。本书涉及政策要求、理论方法和实践等内容，力求做到言简意赅、通俗易懂，使之成为相关企业构建安全风险分级管控和隐患排查治理双重预防机制，健全风险防范化解机制工作的参考书。

由于编者水平有限，难免存在一些疏漏和不当之处，敬请广大读者提出宝贵意见和建议。

黄　兵

2022 年 6 月

目录

CONTENTS

第1章
双重预防机制建设的政策及要求及高寒高落差山区高速公路的特点

近年来，在党中央、国务院的高度重视和坚强领导下，通过各方面的共同努力，全国安全生产形势总体稳定、持续好转。但事故总量偏大，重特大事故时有发生，安全生产形势依然严峻。其主要原因是企业安全生产主体责任落实不到位，安全风险管控不到位，隐患排查治理工作不全面、不深入、不到位。安全生产双重预防机制建设是对国内外安全生产工作的重要经验总结，有利于形成风险辨识管控在前、隐患排查治理在后的“两道防线”，是全面落实企业安全生产主体责任的基础工作。

1.1　双重预防机制政策要求

2012年1月5日，国务院安全生产委员会办公室印发了《关于建立安全隐患排查治理体系的通知》（安委办〔2012〕1号），决定在全国推广北京市顺义区等地深入开展安全隐患排查治理、有效防范事故的先进经验和做法，争取用2~3年时间，在全国各地基本建立起先进适用的安全隐患排查治理体系。

2016年10月11日，国务院安全生产委员会办公室印发《关于实施遏制重特大事故工作指南构建双重预防机制的意见》（安委办〔2016〕11号），就构建双重预防机制提出意见，阐述了总体思路和工作目标，着重构建企业双重预防机制，全面开展安全风险辨识，科学评定安全风险等级，有效管控安全风险，实施安全风险公告警示，建立完善隐患排查治理体系等内容。

2018年，交通运输部办公厅、公安部办公厅、应急管理部办公厅关于印发《道路运输安全生产工作计划（2018—2020年）》的通知（交办运〔2018〕74号），强调了道路运输安全监管、事故防范和应急处置措施，提升道路运输安全现代化治理能力，坚决遏制重特大道路运输安全事故，大幅减少较大道路运输安全事故的要求。2018年6月5日，国务院安全生产委员会办公室印发《关于进一步加强隐患排查治理体系建设示范试点工作的通知》（安委办〔2018〕15号），做出了进一步提升隐患排查治理体系创建质量，发挥辐射带动作用，继续深化示范试点工作，推动构建风险分级管控和隐患排查治理预防机制的总体部署。同年6月13日，交通运输部办公厅、公安部办公厅、应急管理部办公厅联合印发《道路运输安全生产工作计划（2018—2020年）》，要求强化道路运输安全监管、事故防范和应急处置措施，提升道路运输安全现代化治理能力，坚决遏制重特大道路运输安全事故，大幅减少较大道路运输安全事故。2018年10月31日，交通运输部发布《公路水路行业安全生产风险辨识评估管控基本规范》（交办安监〔2018〕135号），积极推进公路水路交通运输行业安全生产风险管控工作，提升行业管理部门业务指导能力，引导行业主动辨识和评估风险，并实施针对性的风险管控，从而达到有效预防和减少各类风险事件的发生、保障人民群众生命财产安全的目的。

2019年4月30日，国务院安全生产委员会办公室、国家减灾委员会办公室、应急管理部联合印发《关于加强应急基础信息管理的通知》（安委办〔2019〕8号），要求加强应急基础信息管理，整合各方资源，推进信息共享共用，强化灾害事故风险和隐患监管，提升安全生产和综合防灾减灾救灾水平。

2020年4月1日，国务院安全生产委员会制订了《全国安全生产专项整治三年行动计划》，要求落实近平总书记关于“从根本上消除事故隐患”[1]的指示精神。

2021年9月1日，《中华人民共和国安全生产法》（2021年修订）第二十一条规定“组织建立并落实安全风险分级管控和隐患排查治理双重预防工作机制，督促、检查本单位的安全生产工作，及时消除生产安全事故隐患”，《国务院安委会办公室关于印发标本兼治遏制重特大事故工作指南的通知》（安委办〔2016〕3号）和《国务院安委会办公室关于实施遏制重特大事故工作指南构建双重预防机制的意见》（安委办〔2016〕11号），明确指出双重预防机制就是安全风险分级管控和隐患排查治理。

2022年6月，交通运输部印发《关于进一步做好道路运输安全生产专项整治巩固提升阶段有关工作的通知》（交办运函〔2022〕824号），要求切实加强道路运输领域各类安全风险隐患的动态监测、跟踪评估，确保风险管控到位、隐患整治到位。

[1] 习近平对安全生产作出重要指示强调　树牢安全发展理念　加强安全生产监管　切实维护人民群众生命财产安全［N］. 人民日报，2020 年 04 月 11 日，01 版。

1.2　安全生产标准化工作

安全生产标准化建设是指通过建立安全生产责任制，制订安全管理制度和操作规程，排查治理隐患和监控重大危险源，建立预防机制，规范生产行为，使各生产环节符合有关安全生产法律法规和标准规范的要求，人、机、物、环处于良好的生产状态，并持续改进，不断加强企业安全生产规范化建设。

根据《企业安全生产标准化基本规范》（GB/T 33000—2016）的表述，企业通过落实企业安全生产主体责任，通过全员全过程参与，建立并保持安全生产管理体系，全面管控生产经营活动各环节的安全生产与职业卫生工作，实现安全健康管理系统化、岗位操作行为规范化、设备设施本质安全化、作业环境器具定置化，并持续改进。

2011年6月，交通运输部印发《交通运输企业安全生产标准化建设实施方案》（交安监发〔2011〕322号），全面推进交通运输企业安全生产标准化建设工作。2012年4月，交通运输部印发《交通运输企业安全生产标准化考评管理办法和达标考评指标》（交安监发〔2012〕175号），规范交通运输企业安全生产标准化考评及其管理行为，要求结合实际，抓好细化落实。2016年7月，交通运输部印发《交通运输企业安全生产标准化建设评价管理办法》，大力推进企业安全生产标准化建设。2023年2月，交通运输部印发《交通运输部关于加强交通运输安全生产标准化建设的指导意见》（交安监规〔2023〕1号），进一步加强交通运输安全生产标准化建设工作，推动行业高质量发展，提高行业安全生产治理能力和水平。2020年7月，四川省交通运输厅印发《四川省交通运输企业安全生产标准化建设评价实施方案》(川交函〔2020〕368号），为推进交通运输企业安全生产标准化建设，规范评价管理工作，促进企业安全生产主体责任落实提供了工作依据。安全标准化管理是整个安全生产工作的重要组成部分，是行业、企业履行法定义务、落实标准规范和管理制度、保障正常生产经营秩序、建立安全生产长效机制的内在要求和有效途径。从党中央、国务院到地方各级政府职能部门对隐患排查治理、安全生产管理责任清单、安全生产标准化等都颁布了一系列政策文件，因此，建立适用于高速公路运营企业的安全生产责任清单、从业人员岗位职责清单、岗位风险清单、岗位隐患清单及隐患排查治理清单，具有重要的现实意义和应用价值。

1.3　双重预防工作流程及方法

为认真贯彻落实党中央、国务院决策部署，着力解决当前安全生产领域存在的薄弱环节和突出问题，强化安全风险管控和隐患排查治理，坚决遏制重特大事故频发势头，着力构建企业双重预防机制。

总体思路：准确把握安全生产的特点和规律，坚持风险预控、关口前移，全面推行安全风险分级管控，进一步强化隐患排查治理，推进事故预防工作科学化、信息化、标准化，实现把风险控制在隐患形成之前、把隐患消灭在事故前面。

工作目标：根据实际情况，科学制订工作程序和方法，根据风险管控的内在要求，从源头上全面开展危险(有害)因素辨识和风险评估，采取技术、管理等措施对安全风险实施分类分级管控，及时对事故隐患进行整改，形成安全风险受控、事故隐患有效治理的企业双重预防机制和运行模式。

1.3.1 双重预防机制的概念和术语

1）双重预防机制的概念

“双重预防机制”最初出现于2016年国务院安委会办公室发布的《国务院安委会办公室关于印发标本兼治遏制重特大事故工作指南的通知》（安委办〔2016〕3号）、《国务院安委会办公室关于实施遏制重特大事故工作指南构建双重预防机制的意见》（安委办〔2016〕11号）等文件。2021年6月10日，在第十三届全国人民代表大会常务委员会第二十九次会议上，双重预防机制被正式写入了修改后的《中华人民共和国安全生产法》。双重预防机制及风险防控有关概念、术语如下：

双重预防工作：指安全风险分级管控和隐患排查治理两个方面的预防性工作。

双重预防工作机制：指健全双重预防体系标准机制、全面排查评定风险和隐患等级机制、实行安全风险分级管控机制、实施隐患排查治理闭环管理机制，即体系机制、等级机制、管控机制、闭环机制四个机制。

双重预防工作机制实施步骤：主要有开展安全风险辨识、科学评定风险等级、有效管控安全风险、实施安全风险揭示、建立隐患排查治理体系等五项工作。即风险辨识、评估、监测、监控、预警、隐患排查与整改闭环管理、应急救援等内容。

2）风险防控相关概念和术语

（1）概念。

安全新定义：指一定时空内理性人的身心免受外界危害的状态。

由安全新定义推论出一系列基础定义如下：

危害：指一定时空内理性人的身心受到外界损害的状态。

危险：指一定时空内理性人的身心可能受到外界危害的状态。

风险：指一定时空内理性人的身心受到外界危害的可能性（L）及其严重度（C）。

隐患：指可能造成一定时空内理性人身心危害的外界因素。

事故：指一定时空内理性人的身心已经受到外界危害的结果。

（2）术语。

风险点：风险伴随的设施、部位、场所和区域，以及在设施、部位、场所和区域实施的伴随风险的作业活动，或以上两者的组合。

风险源：可能导致风险后果的因素或条件的来源。

风险主体：风险事故的直接承担者，也是风险管理的主体。

1.3.2　双重预防工作基本流程

双重预防机制工作基本流程包括安全风险分级管控基本流程和隐患排查治理基本流程。安全风险分级管控基本流程包括：策划与准备、安全风险评估（包括安全风险辨识、分析、评估）、安全风险管控、检查与考核、改进提升，即“五步工作法”（隐患排查治理基本流程包括：制订隐患排查计划、实施隐患排查、隐患治理、隐患治理验收）。

1）安全风险分级管控基本流程

（1）策划与准备

为确保构建双重预防工作机制顺利开展，企业要精心组织策划，做好相关准备工作。重点应做好以下几方面的工作：

①建立工作制度。

要制订完善本企业双重预防工作机制建设的相关制度，明确工作内容、职责分工、保障措施等相关内容；明确各级负责人、部门管理人员和班组员工的具体职责，避免职责不清、相互推诿。工作制度应该具体、有针对性和可操作性，为企业双重预防工作机制常态化运行提供制度保障。

②全面培训。

人员风险管理的意识和技能是双重预防工作机制建设的基础，企业要对包括主要负责人、管理人员、普通员工和外包单位管理及作业人员在内的全体人员每年最少进行有针对性的培训一次。要组织开展关于风险管理知识、风险辨识评估和双重预防工作机制建设方法等内容的培训，使全体员工真正树立起风险意识，掌握双重预防工作机制建设的相关知识，具备参与风险辨识、评估和管控的基本能力。

③收集相关信息。

要充分挖掘确认相关资源信息，为构建双重预防工作机制提供必要的外部和内部基础资料。

外部信息包括企业适用的安全生产有关法律、法规、规章、标准、规范性文件以及安全监管要求；企业所处区域的自然环境状况；企业供应商、承包商以及周边企业、居民等相关方和企业的关系，相关方的诉求和安全风险承受度；国内外同类企业发生过的典型事故情况。

内部信息包括企业管理现状、中高层管理人员和专业人员的知识结构、专业经验、普通员工的知识结构、年龄结构等；生产工艺流程、作业环境和设施设备情况；建设、生产运行过程中形成的勘查、设计、评估评价、检测检验、专项研究、实验报告等；企业成立以来的事故情况。

（2）安全风险评估

安全风险评估“七生法”为：合理划分评估单元、选择适用的评估方法、安全风险辨识、安全风险分析、安全风险评价、绘制安全风险空间分布图、建立企业安全风险管控信息平台。

①合理划分评估单元。

为便于安全风险评估工作的全面开展，避免出现遗漏，首先要对整个生产系统进行合理划分，确定评估的基本单元。单元划分应该分层次逐级进行，一般可以将整个生产系统依次划分成主单元、分单元、子单元、岗位（设备、作业）单元。主单元可以结合生产工艺流程，按照生产系统划分。岗位（设备、作业）单元是安全风险评估的最基本单元。企业在实施过程中，可以根据自身生产工艺复杂程度、设施设备分布状况和管理需要等情况灵活增减单元划分的层级和数量。

②选择适用的评估方法。

风险评估方法可以是定性的、定量的、半定量的，或者是这些方法的组合。参照《公路水运工程施工安全风险评估指南　第1部分：总体要求》（JT／T 1375.1—2022）施工安全风险评估方法应根据工程的特点和实际进行选择。总体风险评估宜采用专家调查法和指标体系法等方法；专项风险评估可综合采用安全检查表法、作业条件危险性评价法（LEC）、专家调查法、指标体系法、风险矩阵法等方法,必要时宜采用两种以上方法比对验证风险评估结果,当采用不同方法得出的评估结果出现较大差异时,应分析导致较大差异的原因,确定合理的评估结果。

③安全风险辨识。

安全风险辨识是安全风险分级管控的前提和基础，其目的是要识别出企业生产活动中存在的各种危险有害因素、可能导致的事故类型及其原因、影响范围和潜在后果。企业开展安全风险辨识时，要充分利用现有安全生产标准化、安全评价及安全专项研究等工作的成果，对这些工作中辨识出的危险因素认真梳理，在此基础上，进一步从不同的角度和层次充分挖掘可能存在的风险，拓展风险辨识的深度和广度，同时提高辨识的准确性和效率。为提高安全风险辨识的完整性和准确性，要充分调动员工的积极性和创造性，发动全体员工特别是生产一线作业人员参与安全风险辨识，利用岗位人员对作业活动熟悉的优势，对单元中的作业活动、作业环境、设施设备、岗位人员、安全管理等方面进行全面的安全风险辨识。

要突出关键岗位或危险场所，尤其是关键岗位和危险场所的安全风险辨识，将风险影响因素、成因可能的影响范围和事故类型查明，将其作为管控风险、遏制重特大事故的重点。

④安全风险分析。

安全风险分析就是要在安全风险辨识的基础上，对事故发生可能性及其后果严重性进行分析，为安全风险评价分级和管控提供支持。分析过程中要充分考虑现有安全风险管控措施的有效性。对于事故发生可能性及其后果严重性，可以通过对事故或事故组合的结果建模确定，或通过实验研究推导确定，也可以通过对行业内同类型事故的分析确定。

在建模和工程风险类别分析时，应首先满足相关技术标准、规范和规定的强制性要求，同时应关注企业生产系统或场所因素条件、生产单元或系统布置形式、周边自然环境地理条件等因素差异可能导致的风险显著变化。要重点关注可能导致发生重特大事故的风险，关注此类安全风险影响范围内的人员分布情况。

⑤安全风险评价。

安全风险评价就是要将安全风险分析的结果与企业确定的安全风险准则进行比较，确定每一项安全风险的等级，以便作出安全风险应对的决策。安全风险等级从高到低划分为重大风险Ⅳ级、较大风险Ⅲ级、一般风险Ⅱ级和较小风险Ⅰ级。安全风险评价完成时，要形成企业安全风险评估结果表。

在对单元风险进行评价的基础上，还要对企业各生产区域的风险进行综合评价。对于每个生产区域，可以根据安全风险关联或组合情况，按照短板原理选择单元安全风险的最高等级作为该生产区域的安全风险等级，也可采用综合加权的方法确定其区域安全风险等级。对已经运营一定时期的线路，还应在对过去事故全面分析的基础上，找出事故易发、多发、频发的路段（所谓“魔鬼路段”）及相似路段，合理确定路段的风险等级。

⑥绘制安全风险空间分布图。

企业要根据风险评估分级的结果，分别用红、橙、黄、蓝标示重大风险、较大风险、一般风险和较小风险的生产区域，在总平面布置图上绘制“红、橙、黄、蓝”四色安全风险空间分布图，并用信息化手段将企业内部各生产区域的安全风险等级展示出来。对于重要单元或区域，可根据风险管控的需要绘制单独的风险分级分布图。

企业可充分利用先进的电子技术和地理信息等，建立企业安全风险数据库，不断积累和完善风险评估基础数据，并据此绘制风险分布电子图，可从多角度观察各级风险在企业分布的影响以及变化情况，并可与相关风险信息、避灾线路、应急预案紧密联系在一起，提高风险管控能力。

企业要认真分析红区、橙区、黄区、蓝区安全风险的特点，有针对性地制订管控措施，实行差异化管理，尤其要加大对较大以上风险区域的安全风险管控力度。

⑦建立企业安全风险管控信息平台。

为提高安全风险管控的效率，企业应充分利用现有安全管理信息系统，建立企业安全风险管控信息平台，构建完整的安全风险数据库，开发与安全风险管控相适应的处理模块和表单，将风险类型、风险等级和相应管控措施清单，以及安全风险管理制度、安全风险辨识技术支撑体系信息（安全风险事件库、安全风险辨识方法模型库、相关标准等）上传平台，并逐步将信息平台与相关单位和政府监管部门的信息终端通过互联网连接，实现企业安全生产信息与当地政府及有关部门互联互通、信息共享，逐步实现政府及有关部门对企业风险分级管控和隐患排查治理情况的实时监控，以及对企业安全风险的实时感知，实现事故后治理向事故前风险管控的转变。同时，信息平台的数据应及时更新。

（3）安全风险管控

企业要根据安全风险评估的结果，制订和完善安全风险管控措施（包括降低事故发生可能性或减小事故后果的措施），确保将安全风险控制在可接受范围。

①制订安全风险管控措施。

针对辨识出的每一项安全风险，企业都要从管理、制度、技术和应急等方面综合考虑，制订完善有效的管控措施；单独的措施不足以有效管控安全风险时，应考虑选择多种措施组合使用，并确定实施这些措施的优先顺序。可以通过消除、终止、替代、隔离等措施消减风险。

制订管控措施时，要与各岗位、站队和部门相关人员进行交流，充分论证，确保管控措施的合规性、可行性和有效性。确定的管控措施必须紧密结合生产实际，与现有的生产管理各个环节及现有管控措施充分融合，并符合现有标准对人员、设备、路段和环境条件的技术和管理要求。

②实施安全风险分级管控。

企业要对现有管理流程进行梳理，优化完善安全管理体系相关要求、标准和制度，将安全风险分级管控整合到现有生产经营活动与业务流程中，使之成为企业管理环节的一部分。要根据安全风险分级结果，将责任分解到与生产过程相关的各领导、各部门和各工作人员，形成企业安全风险分级管控表。尤其要重点关注和管控较大以上安全风险，对于重大风险和较大风险应实施多级联合管控，确保管控措施落实到位，有效遏制重特大事故。

岗位风险管控是企业安全管理的核心和基础。员工在进入作业岗位时，必须按照安全风险分级管控表对岗位的安全风险状况和各项管控措施进行培训、交底和确认，并进行班组安全风险预知、设备检查等活动，消除不规范行为，做到任务到人、责任到岗、管控到位。企业现场安全管理人员要做好安全风险预知预控的复核检查，确保管控措施有效落实。对岗位出现的异常情况或临时生产活动应事前进行现场风险分析，制订相应对策措施，在管控措施落实后方可进行后期相关活动。对于安全风险动态变化的，要对这类场所的安全风险随变动情况适时进行评估，并及时调整管控措施。

③安全风险公告警示。

企业要建立完善的安全风险公告制度，在交接班室等醒目位置和重点区域分别设置安全风险公告栏，将危险有害因素、事故类型、后果、影响范围、风险等级、管控措施和应急措施、责任人、有效期、报告电话等信息标识清楚，公告内容应及时更新和建档。要制作重点岗位安全风险告知卡，标明岗位安全操作规程、主要安全风险、可能引发的事故类别、管控措施及应急措施等内容，便于员工随时进行安全风险确认，指导员工安全规范操作。要将岗位安全风险告知卡纳入岗位人员安全风险教育和技能培训的基础内容，并在应用中不断补充完善。

（4）检查与考核

①强化检查督促落实。

企业要根据工作实际要求和职责分工，从单位负责人、站队负责人直至班组长，层层带头示范，逐级传导压力，逐月对安全风险管控措施和责任落实情况进行检查，在日常管理中对相关单位、责任人通过查阅相关记录、抽样检查、现场考试等方式，对其安全风险管控认知、岗位风险识别、管控措施落实等方面进行检查，并认真做好检查记录，检查记录应真实准确、可追溯，确保各项风险管控措施落到实处，避免出现重形式、轻实效、走过场的现象。

②及时排查治理隐患。

对于检查过程中发现的生产安全事故隐患，企业要进一步完善隐患排查治理制度，明确主要负责人、分管负责人、部门和岗位人员隐患排查治理的职责范围和工作任务，完善现有的隐患排查治理工作流程，实现隐患排查、登记、评估、治理、报告、销账的闭环管理。要制订并实施严格的隐患治理方案，做到责任、措施、资金、时限和预案“五落实”，确保隐患得到及时治理。对于重大隐患，要按照相关规定报送安全监管部门。

③强化实施绩效考核。

基于四川省政府安委会办公室于2017年4月发布的《四川省安全风险分级管控工作指南》，企业制订相应的安全风险分级管控绩效考核办法和经济责任制考核评分细则，依据检查结果，重点从风险评估与实施职责落实、风险管控流程覆盖的深度和广度、风险管控措施落实情况、事故隐患排查治理情况、企业实际安全绩效等方面进行综合考核，并与季度奖或年度奖相结合。应对单位的全部人员进行必要的奖惩，提高风险管控绩效。

（5）改进提升

①及时纠正偏差。

针对日常和定期检查中发现的生产安全事故隐患以及安全风险管控措施落实不到位的情况，企业要认真分析原因，分析安全风险分级管控体系中存在的制度漏洞和管理缺陷，对发现的偏差及时逐项纠正，确保实现双重预防机制的持续改进和闭环管理。

②动态评估风险。

企业要根据内部和外部条件的变化情况，对安全风险进行动态评估。特别是在实施改扩建工程项目、应用新设施设备或工艺技术、大型设备安装与检修、停产复工、发现重大不符合项、地质条件出现显著变化，以及发生生产安全事故和自然灾害后，必须对安全风险重新进行评估，并根据评估结果制订实施新的管控措施。

③事故频发安全评估。

针对运营中交通流量增加幅度较大或交通事故发生起数（接处警）大幅度增加的情况下，应通过第三方，委托有资质的设计或咨询单位做运营阶段的安全性评价报告。

2）隐患排查治理基本流程

（1）制订隐患排查计划

①隐患排查计划应明确隐患排查的事项、内容、层级、责任人和频次。

②隐患排查计划应做到定期排查与日常排查相结合、专项排查与综合排查相结合、一般排查与重点排查相结合。对存在重大安全风险和较大安全风险的场所、环节、部位及其管控措施应重点排查。

（2）实施隐患排查

①企业应按照隐患排查计划和隐患排查治理清单组织人员进行隐患排查，填写隐患排查记录，形成隐患和问题清单。

②事故隐患的等级由组织隐患排查的企业依据有关法律法规和标准确定。

③对于排查发现的严重安全隐患，要立即向企业主要负责人和负有安全生产监督管理职责的部门报告。严重安全隐患排除前或者排除过程中无法保证安全的，应当从危险区域内撤出作业人员，并疏散可能危及的其他人员，设置警戒标志，暂时停产停业或者停止使用相关设施、设备；对暂时难以停产或者停止使用后极易引发生产安全事故的相关设施、设备，应当加强维护保养和监测监控，防止事故发生。必要时向当地人民政府提出申请，配合疏散可能危及的周边人员。

④企业应及时将隐患名称、位置、不符合状况、隐患等级、治理期限及治理措施等信息向从业人员通报。

（3）隐患治理

①隐患排查组织部门应下达隐患整改通知书，对隐患整改责任单位、措施建议、完成期限等提出要求。

②在实施隐患治理前，应当对隐患存在的原因进行分析，并制订可靠的治理措施。

③对于一般事故隐患，企业责任部门负责人应立即组织整改。

④对于严重安全隐患，企业主要负责人应组织制订并实施严格的隐患治理方案，方案应当包括下列内容：

A.治理的目标和任务；

B.负责治理的机构和人员；

C.采取的方法和措施；

D.经费和物资的落实；

E.治理的时限和要求；

F.安全措施和应急预案。

（4）隐患治理验收

①隐患治理完成后，企业应按照隐患级别组织相关人员对治理情况进行验收，填写复查验收清单，实现闭环管理。

②严重安全隐患治理工作结束后，企业应组织本单位的技术人员和专家对严重安全隐患的治理情况进行评估或者委托具备相应能力的安全生产技术咨询服务机构对严重安全隐患的治理情况进行评估。对负有安全生产监督管理职责的部门在监督检查中发现并责令全部或者局部停产停业治理的严重安全隐患，企业在完成治理并经评估符合安全生产条件后，还应按规定向负有安全生产监督管理职责的部门提出恢复生产经营的书面申请，经审查同意后，方可恢复生产经营。

（5）隐患排查信息管理

①企业应当建立隐患排查治理台账或数据库，主要内容应包括隐患排查任务清单、

隐患和问题清单、整改工作清单、复查验收清单。

②企业应建立完善企业隐患排查信息管理系统，做好隐患信息的登记、分类分级、整改、跟踪等工作。

③企业的隐患排查信息管理系统应与当地政府部门的隐患排查治理信息系统互联互通，并将统计数据及时上报负有安全生产监督管理职责的部门，全过程记录报告隐患排查治理情况。

1.4 高寒高落差山区高速公路的特点

高寒高落差山区高速公路路段具有多种地形地貌及复杂的气候环境，通常表现为海拔快速爬升，地貌类型复杂多样，地形狭窄陡峻、沟壑纵横、起伏巨大，气候条件极其恶劣，穿越不同的气候垂直分布带，高海拔路段的雨、雪、冰、雾、风等恶劣气候影响时间长。特殊的地理、地质、气候环境对公路的运营及管理提出了更高要求。同时，海拔落差会导致大雾、冰雪、强侧风、强降雨等恶劣气候条件，并时常影响高寒高落差山区高速公路路段的安全运行。

1.4.1 特殊地形条件

我国地势有着东低西高的特点，其中高原、山地和丘陵地区大约占全国国土面积的43%，中西部地区地理位置特殊，其中重丘、山岭和高原地区比重多，地势落差大，地形条件特殊，在这些地区建设高速公路，由于受现有技术和建设资金投入的限制，为了克服地形地势条件、高展线差，公路大都是根据自然地理条件修筑，不可避免地存在桥隧、长坡路段和平曲线小半径路段等不利于交通安全和交通管理的特殊路段。

高寒高落差地区的川藏高速公路，基本上都需要穿越青藏高原东缘和横断山脉，面临的建设条件是：地形起伏大、切割深、沟壑纵横；新构造运动强烈、活动断裂多，地震烈度高、地质灾害极其发育；海拔高、气候条件复杂恶劣；生态环境脆弱、环保要求高；工程规模巨大、建设艰难。这样恶劣的建设条件可以概括为“五个极其”：极其复杂的地形、极其复杂的地质、极其复杂的气候、极其复杂的生态条件、极其复杂的工程建设条件。

高寒高落差地区高速公路地形地质条件复杂，线形不良路段众多，突出表现在小半径曲线多、长大下坡多、视距不良路段多、填挖量大、桥隧密布等另外滑坡、崩塌、泥石流等不良地质灾害频发，这为山区高速公路的车辆运行埋下了诸多安全隐患，尤其是在长大下坡、急弯陡坡及隧道等路段。

1.4.2　特殊气候条件

高寒高落差山区高速公路路段，由于海拔高度的增加，气温较低，导致天气多变，在冬季和春季，路面可能会出现结冰、积雪等情况，对行车安全造成威胁。此外，随着海拔的升高，空气中的氧气分压降低，导致缺氧现象的发生概率增加，对于驾驶员的身体健康和驾驶安全都有一定影响，还会影响到气象条件，如降水量、气压、气温等。在高寒高落差山区高速公路路段，高海拔导致的降雨量减少会导致气候条件的复杂性和多变性，使得天气预报和交通管理更加困难。

高寒高落差山区高速公路路段气候条件的恶劣性主要表现在低温(结冰)、大风、降雨、降雪等方面，冰雪天气极易在路面形成积雪甚至结冰，危及高速行驶车辆的行车安全，对下坡方向的影响尤其严重。其中隧道群间桥梁跨越高山峡谷，桥面存在横风、积雪、凝冰等影响行车安全的不利因素。

（1）降雨降雪：高寒高落差山区的降水量较大，且天气多变，尤其在春夏之际，暴雨、降雪和冰雹等恶劣天气频繁发生，可能引发山洪、泥石流等自然灾害，对交通安全造成威胁。

（2）多雾：受气候、地形和地貌等因素的影响，高寒高落差山区的雾气较大，能见度较低，特别是在早晨和夜晚，容易引发道路交通事故。

（3）大风：高寒高落差山区的风力较强，且风向多变，容易引发侧风、狂风等恶劣气象条件，对车辆行驶和驾驶员的安全造成影响。

（4）冰雹：由于山区的地形和地貌多变，容易引起大气对流，形成冰雹等极端天气，给道路交通安全带来威胁。

（5）雪崩：在冬季，高寒高落差山区可能发生雪崩现象，给道路交通带来极大危害，造成车辆损害和人员伤亡。

（6）雪峰效应：由于高寒山区的积雪较多，道路两侧的积雪堆积会形成雪峰，当风吹过时，容易造成交通隐患。

1.4.3　高寒高落差山区高速公路的主要病害

受到地理地貌、气候环境等的影响，我国不同地区公路出现各种公路病害，病害的产生给公路的正常使用带来极大挑战，也给后期公路的养护维修增加了困扰。此外，相同的公路病害问题随着地区的不同，其表现形式和严重程度也有一定的不同。在高寒高落差山区高速公路路段，具有奇特多样的地形地貌以及复杂的天气环境，通常表现为高寒、高海拔、冻土和永久性冻土相互交错，致使路基路面出现各种病害问题，存在冻胀、涎流冰、团雾、落石、雪崩等特殊公路病害。

（1）冻胀、翻浆

冻胀和翻浆是寒冷地区比较常见的公路病害问题，病害形成与气温和土壤的变化密切相关。其产生的原因主要是冬季土基受到低温的影响，土中水分迁移冻结形成冰，水结冰时体积膨胀，导致地表不均匀隆起，地面发生变形，从而导致道路发生冻胀现象。春季温度开始升高，冰冻区逐渐融化，由于冰冻区已经聚集了大量的冰晶，融化时土中的含水量急剧增加，融冻后的路基受到了行车荷载的不断施压，承载能力下降。随着行车荷载的持续作用，路面开始形成裂缝、冒泥，从而出现翻浆病害。

冻胀的形成是由于地区气候特点和土壤结构的特殊性质相互作用的结果。冻胀病害的形成过程可以分为三个阶段：第一阶段是冰的形成期，这个阶段水分逐渐被凝固成冰，占据了更多的土体体积，从而导致土体体积发生变化，这时的土体还没有出现破坏；第二阶段是冰的膨胀期，这个阶段由于冰的膨胀作用，使土体内的孔隙水压力增大，土体产生了较大的变形；第三阶段是冰的融化期，这个阶段由于温度升高，冰体开始融化，土体内部的水压力逐渐降低，土体受到一定的弹性回复作用。

冻胀病害造成高速公路的路面损坏。冻胀会导致路面凸起、开裂、剥落等问题，直接影响行车安全和舒适性。特别是在高速公路的桥梁、隧道等区域，冻胀病害对路面的破坏更为严重，甚至会造成路基塌陷、桥梁倒塌等重大事故。如果不及时处理，冻胀病害会导致路面加剧破损、龟裂，从而加速路面损坏。如果这些问题得不到及时修复，将会进一步导致路面结构的破坏，最终导致公路的使用寿命缩短，造成巨大的经济损失。冻胀病害造成高速公路的冻胀、翻浆现象如图1-1、图1-2所示。

图 1-1　冻胀

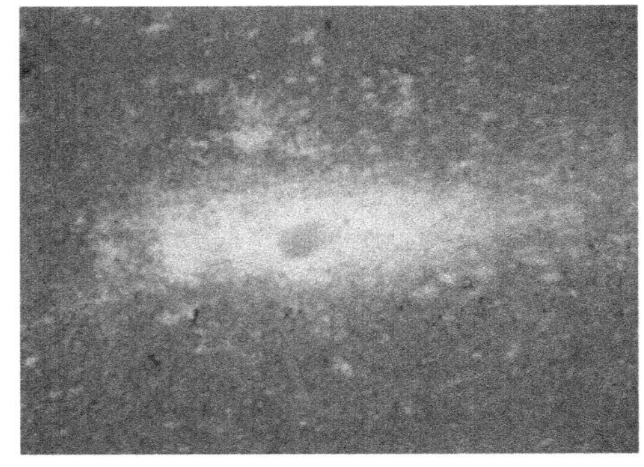

图 1-2　翻浆

（2）涎流冰

寒冬期间，一些地区由于气温下降，地表被冻住，冻融层也随之发生变化。受冻结层厚度增加，过水面积减小的影响，承压水受到的压力逐渐增大，最终在地表的薄弱部位被挤压或压裂，形成冰锥，使地下水流出路面，路面上的水冻结形成长度不一的冰壳，这种现象被称为涎流冰（图1-3）。在我国寒冷地区，涎流冰是一种较为常见的公路病害，会使得路面出现冰毁、水毁、龟裂、断板、边坡崩塌、滑坡、剥落、路基失稳等，直接威胁道路行车安全。近年在青藏地区的公路修建过程当中，也出现了由于涎流冰产生的公路病害问题，在很大程度上影响了正常的交通运行。

（3）团雾

在藏区高原梯度带，气象灾害特征随地势地貌、海拔高度变化呈现明显的垂直性差异。随着海拔的升高，沿线气候随地形变化呈现明显差异特征，雨、雾、风、冰、雪等多种天气变化频繁，形成了藏区高原梯度带典型的多形态气象灾害分布带，因此，在藏区更容易产生团雾。团雾指的是在具有大雾的情况下，大雾范围内出现数十米到上百米更加浓、能见度更低的雾（图1-4）。它和普通的雾一样，皆属于水汽凝结的暖雾过程，多发生于昼夜温差大和空气污染物颗粒较多的公路区段，但是由于其具有突发性强、能见度低及可预测性差等特征，往往对交通的危害性更大。其成因主要与地理区位、气候环境以及空气污染物颗粒有关。

图 1-3　涎流冰

图 1-4　团雾

团雾对高速公路交通安全极具危害性。团雾会降低驾驶员的视野能见度，遮蔽驾驶员驾驶车辆时需要关注的一些重要信息，如路线、沿线标志标线等，会引起驾驶员心理的紧张，从而增加了驾驶负荷，严重时可能造成交通事故。此外，团雾中的大量水分形成水滴，滴落在道路表面，从而减小了道路的抗滑性，使得车辆的制动距离加大。

（4）滚石

滚石灾害在川藏地区发生频繁，主要是由于该地区地形高差变化大，气候特殊。滚石指的是坡面上的石块突然失稳后滑落，经过多次的回弹、滚动等，向下快速掉落，最终碰撞障碍物停下或在平稳地带静止的一种现象（图1-5）。通过对川藏公路南线318国道的沿线实地考察，发现了川藏公路滚石灾害的发生具有分布范围广、影响能力大的特点，并且受到滚石带来巨大冲击，沿线诸多防滚石的碰撞设施已经受到严重的损坏，时刻威胁道路安全。

（5）雪崩

我国西藏属于高海拔地区，每年春季融雪期间都有大量雪崩发生，特别是川藏铁路、公路帕隆藏布段范围内雪崩分布数量尤其多，发生频率尤其高。雪崩指的是山坡积雪的自身重力大于积雪内部的内聚力时，出现积雪下滑，从而引起雪体大面积崩塌的现象（图1-6）。山坡积雪层太厚是雪崩的主要原因，积雪层在受到阳光照射后，雪体表面温度上升，积雪持续融化，减小了积雪层与地面间的摩擦力；另一方面，积雪层受到重力影响，大量滑动造成雪崩。

图 1-5　滚石

图 1-6　雪崩

1.4.4　高寒高落差山区高速公路典型特殊路段

高寒高落差山区高速公路安全现状由于地形、地质、水文、气候等自然条件复杂，结合较大生态环境制约，山区高速公路较平原区高速公路往往存在较多的特殊路段。与特殊路段相关的交通事故占山区交通事故总数的60%左右。特殊路段交通事故发生频率高，面临着严峻的交通安全形势。当前，山区高速公路还有夜间行车中货车比重大，且存在严重超载、超速等现象，虽然驾驶员的违规驾驶及操作不当是山区高速公路重特大交通事故发生的主要原因，但山区高速的道路线形差、路面状况不良、缺乏合理的交通安全设施和交通安全管理是山区高速公路交通事故高发的主要诱因。

（1）长大纵坡路段

高寒高落差山区由于地理环境的特殊性，受地形地势条件的限制，地面会出现一边远高于另一边的现象，这种特点容易形成长大纵坡路段。在高寒高落差山区高速公路建设中，连续的长大纵坡路段几乎不可避免，长大纵坡路段的交通安全问题将会越来越凸显。纵坡坡度过大，不但会影响驾驶员正常行驶时的安全速度，还会对驾驶状态产生消极影响。坡度在很大程度上会增加坡长对车辆行驶安全的影响。在长大纵坡路段，过大的纵坡会使车辆的加速度不断增加，导致车辆速度的持续积累，最终使得车速过高造成交通事故。

车辆在高速公路长大纵坡路段行驶过程中，驾驶员容易采取长时间行车制动的措施，这会造成车辆制动器温度急剧升高，产生制动“热衰退”的现象，严重情况下运行车辆会完全丧失制动能力，所以在长大纵坡路段经常会有重特大交通事故的发生，我国目前现有的技术规范没有对长大纵坡路段的线形做出明确的定义，在本书中定义的长大纵坡路段指的是那些容易造成驾驶员空挡滑行或采取长时间制动措施的大坡度、长距离的坡段。长大纵坡路段常伴随长下坡和连续弯道，在山区高速公路中，这些长大纵坡路段依山傍崖，地势落差相对较大，交通组成中载重货车占比相对较大，驾驶员在长大纵坡路段上驾驶车辆易采取长时间制动措施，从而引起车辆制动毂过热，最终导致车辆制动性能减弱或者失效，这会使车辆失控进而引发恶性交通事故，特别是长大纵坡路段平面线形组合、隧道群、特长隧道以及灾害天气等因素叠加，影响驾驶员对前方路段线形和交通工程设施设置的判断，将增加驾驶员制动次数和制动强度。

长大纵坡路段由于道路线形较差，使驾驶员视觉环境变化频繁，会导致驾驶员精力分散，从而导致其心理上发生较大变化，对行车安全产生不良影响。另外，当长大纵坡路段纵坡坡度过大时，连续的下坡会使得驾驶员对车辆驾驶状态的判断出现偏差，甚至产生错误的判断，致使发生交通事故。在高寒高落差山区长大纵坡路段对驾驶员心理及行为的影响更为明显，驾驶员在该地区驾驶车辆时，由于空气稀薄，氧气含量低，可能因缺氧导致注意力分散、反应时间延长，不能及时处理突发情况。

（2）隧道路段

在高寒高落差山区的高速公路中，隧道路段往往是一种比较特殊的路段，特别是一些特长隧道，其长度通常在数千米以上。这些特长隧道不仅会给驾驶员带来较大的驾驶难度和压力，同时也存在一定的安全风险。隧道群通常贯通于山脉之间、通常由多个隧道组成，总长度较长，一旦发生事故或紧急情况，处理难度较大。隧道群内部的气象条件复杂，有可能出现雾、冰、雪等不良天气状况，同时隧道内部的能见度较低，加之车辆通行量大，容易发生交通事故。此外，隧道群的运营还可能面临火灾、坍塌等风险，一旦发生事故，后果将非常严重。

由于我国山区高速公路建设的快速发展和隧道施工技术的不断进步，长隧道、特长隧道在路线中所占的比例越来越高。公路隧道按照隧道长度的不同，可分为特长隧道（>3000m）、长隧道（3000 ~ 1000m）、中隧道（1000 ~ 500m）和短隧道（≤500m）四个等级。隧道的长度与其交通安全性密切相关，对于单体隧道而言，长隧道、特长隧道的事故率明显高于中隧道和短隧道。车辆行驶在隧道内时，驾驶员的空间距离和速度的感知主要来源于隧道内的视觉参照物等视觉信息。当隧道长度过长时，驾驶员受到隧道内狭长密闭的视觉环境的影响，速度和距离感知能力降低，容易碰撞前车发生追尾事故。长时间在光线昏暗的隧道内行驶，单调的视觉环境也会使驾驶员更容易产生疲劳，导致反应速度变慢，放松对车辆的操控，并不由自主地加速或者左右摇摆。长隧道内幽暗的环境和巨大的噪声对驾驶员造成的影响还包括使其产生烦闷压抑心理，诱导驾驶员采取加速超车行为逃离隧道。

在高寒高落差地区，由于地形地貌的特殊性，隧道群具有隧道数量众多、隧道长度较长、贯通隧道间距较短、隧道高度差较大、季节性气候变化、风险事件影响范围广等特点。

①地质条件复杂：这些隧道所处的地质环境较为复杂，包括冰川、雪崩、岩层变形等，对隧道建设和运营都带来了很大的挑战。

②气候恶劣：这些隧道所处的气候条件也比较恶劣，包括低温、大风、雨雪等，对隧道的维护和管理也提出了更高的要求。

③设计难度大：这些隧道的设计难度较大，需要考虑到地质、气候等多种因素，同时要满足通行安全、舒适性等多种要求。

④维护费用高：这些隧道的维护费用较高，需要定期进行检修和维护，同时要投入大量的人力、物力和财力。

（3）桥梁路段

在高寒高落差山区高速公路上，由于地形起伏大，道路跨度相对较长，因此需要建造许多大型的桥梁来连接山谷、河流和山丘之间的空隙，以便车辆通行。这些桥梁往往桥墩较高，且长期承受风雨严寒的考验，存在劣化、损坏等问题，容易造成车辆行驶时不稳定，甚至发生跨线、坠落等交通事故。同时，由于山区气温变化大，桥梁的温度也会发生明显的变化，这也会对桥梁的结构稳定性造成影响，增加交通事故的发生概率。

高寒高落差山区的桥梁路段主要是由于受地形条件限制，桥梁离地面高差较大，若桥梁段线形条件较差则易发生车辆碰撞护栏或坠车事故，此外部分地区桥梁段易受风向和风力影响，高速行驶的车辆易发生偏移导致车辆失控。因此通常具有长度较长、高度较高、桥梁结构复杂、维护困难等特点。

①桥梁长度较长：由于山区地形的复杂性，道路需要跨越山谷、河流等地形，因此建造的桥梁往往会比较长，会增加桥梁损坏的风险。

②桥梁高度较高：山区的桥梁通常需要跨越深谷或河流，因此高桥梁会增加车辆行驶的风险，如若发生交通事故损失巨大。

③桥梁结构复杂：山区的桥梁建造通常需要考虑地质、水文等因素，因此桥梁结构

会比较复杂，容易受到自然环境的影响。

④维护困难：由于山区环境的复杂性，桥梁的维护难度较大，可能存在劣化、损坏等问题，容易造成车辆行驶不稳定，发生交通事故。

因此，在高寒高落差山区高速公路中，桥梁路段是特殊路段之一，也是交通事故高发区域之一。为了提高交通安全水平，需加强桥梁日常养护工作，采取相应的措施保障行车安全。同时，也需要加强车辆驾驶员的安全教育和管理，提升其安全意识和技能水平，减少交通事故的发生。

第2章
高速公路运营安全生产管理制度建设

2.1 生产经营单位安全规章制度建设

2.1.1 安全规章制度建设的目的和意义

建立、健全安全规章制度是生产经营单位的法定责任，《中华人民共和国安全生产法》《中华人民共和国劳动法》《中华人民共和国突发事件应对法》均有明确要求，是生产经营单位安全生产的重要保障，也是生产经营单位保护从业人员安全与健康的重要标志。交通运输从业企业应当严格执行安全生产相关法律法规、规章制度和标准规范，针对企业各岗位、设备和生产作业环节，制订安全生产操作规程，推进安全生产"作业有标准、操作有程序、防范有措施、过程有记录、结果有考核、改进有保障"。

2.1.2 生产经营单位安全规章制度的建设

1）安全规章制度建设的主要依据

（1）以安全生产法律法规、国家和行业标准、地方政府的法规和标准为依据。

（2）以生产、经营过程的危险、有害因素辨识和事故教训为依据。

（3）以国际、国内先进的安全管理方法为依据。

2）安全规章制度建设的主要原则

（1）主要负责人负责的原则。只有主要负责人亲自组织，才能有效调动单位的所有资源和各个方面的关系。

（2）安全第一的原则。生产过程中，必须把安全工作放在各项工作的首位，正确处理安全生产和工程进度、经济效益等之间的关系。

（3）系统性原则。按照安全系统工程的原理，建立涵盖全员、全过程、全方位的安全规章制度。

（4）规范化和标准化原则。即建立安全规章制度起草、审核、发布、教育培训、修订的严密的组织管理；安全规章制度编制要做到标准明确，具有可操作性。

3）安全规章制度的编制和管理

生产经营单位应每年编制安全规章制度的制订、修订工作计划。安全规章制度的制订一般包括以下8个流程：

（1）起草。由负有安全生产管理职能的部门负责起草。

（2）会签。规章制度草案在送交相关领导签发前征求有关部门的意见。

（3）审核。一是由负责法律事务的部门对规章制度与相关法律法规的符合性进行审查；二是提交职工代表大会或安全生产委员会进行会议讨论。

（4）签发。技术规程规范、安全操作规程等由分管安全生产的负责人签发，涉及全局性的综合管理类安全规章制度应由主要负责人签发。

（5）发布。采用固定的发布方式，如通过文件形式、内部办公网络发布等，安全规章制度日常管理的重点是执行过程中的动态检查，确保制度得到贯彻落实。

（6）培训。新颁布的安全生产规章制度、修订的安全生产规章制度，应组织进行培训，安全操作规程类规章制度还应组织相关人员进行考试。

（7）反馈。应定期检查安全生产规章制度执行中存在的问题，或建立信息反馈渠道，及时掌握安全生产规章制度的执行效果。

（8）持续改进。对安全操作规程类规章制度，除每年进行审查和修订外，每3～5年应进行一次全面修订，并重新发布，确保规章制度的建设和管理有序进行。

4）安全生产规章制度体系的建立

《中华人民共和国安全生产法》第四条规定：“生产经营单位必须遵守本法和其他有关安全生产的法律、法规，加强安全生产管理，建立健全全员安全生产责任制和安全生产规章制度。”安全生产规章制度的建立和健全是生产经营单位安全生产管理工作的重要内容，通过建立安全生产规章制度，明确各岗位安全职责，规范安全生产行为，建立和维护安全生产秩序，增加生产经营活动的规范性和有序性，避免或减少各种生产安全事故。

安全生产规章制度，是生产经营单位制订的组织生产过程和进行生产管理的规则和制度的总和，是结合生产经营活动的特点、生产经营范围、危险程度、工作性质及具体工作实际，根据国家有关法律、法规、规章和标准要求，有针对性地制订具有可操作性的安全生产规章制度。

按照安全系统工程原则建立安全规章制度体系，一般由综合安全管理、人员安全管理、设施设备安全管理、作业环境安全管理四类组成，具体内容如下：

（1）综合安全管理制度。

①安全生产管理目标、指标和总体原则。生产经营单位安全生产的具体目标、指标，应明确安全生产的管理原则、责任，明确安全生产管理的体制、机制、组织机构、安全生产风险管控的主要措施，日常安全生产监督管理的重点工作等内容。

②安全生产责任制。包括生产经营单位各级领导、各职能部门、管理人员及各生产岗位的安全生产责任、权利和义务等内容。建立安全生产责任制，应体现安全生产法律法规和政策、方针的要求；应与生产经营单位安全生产管理体制、机制协调一致；应做到与岗位工作性质、管理职责协调一致，做到明确、具体、有可操作性；应有明确的监督、检查标准或指标，确保责任制落实到位；应根据生产经营单位管理体制变化及安全生产新的法规、政策及安全生产形势的变化及时修订完善。

③安全管理定期例行工作制度。包括生产经营单位定期安全分析会议，定期安全学习制度，定期安全活动，定期安全检查等内容。

④承包与发包工程安全管理制度。包括生产经营单位承包与发包工程的条件、相关资质审查、各方的安全责任、安全生产管理协议、施工安全的组织措施和技术措施、现场的安全检查与协调等内容。

⑤安全设施和费用管理制度。包括生产经营单位安全设施的日常维护、管理；安全生产费用保障；根据国家、行业新的安全生产管理要求或季节特点，以及生产、经营情况等发生变化后，生产经营单位临时采取的安全措施及费用来源等。

⑥重大危险源管理制度。包括重大危险源登记建档，定期检测、评估、监控，相应的应急预案管理；上报有关地方人民政府负责安全生产监督管理的部门和有关部门备案内容及管理。

⑦危险物品使用管理制度。包括生产经营单位存在的危险物品名称、种类、危险性；使用和管理的程序、手续；安全操作注意事项；存放的条件及日常监督检查；针对各类危险物品的性质，在相应的区域设置人员紧急救护、处置的设施等。

⑧消防安全管理制度。包括生产经营单位消防安全管理的原则、组织机构、日常管理、现场应急处置原则和程序；消防设施、器材的配置、维护保养、定期试验；定期防火检查、防火演练等。

⑨安全用电管理制度。供用电设施投入运行前，应建立、健全供用电管理机构，设立运行、维修专业班组并明确职责及管理范围。根据用电情况制订用电、运行、维修等管理制度以及安全操作规程。建立用电安全岗位责任制，明确各级用电安全负责人。

⑩隐患排查和治理制度。明确应排查的设备、设施、场所、环节的名称，排查周

期、排查人员、排查标准；发现问题的处置程序、跟踪管理等。

⑪交通安全管理制度。明确车辆调度、检查维护保养、检验标准，驾驶员学习、培训、考核的相关内容。

⑫防灾减灾管理制度。生产经营单位根据地区的地理环境、气候特点以及生产经营性质，针对在防范突风、暴雨、暴雪、洪水、泥石流、地质滑坡、地震等自然灾害相关工作的组织管理、技术措施、日常工作等内容和标准。

⑬事故调查报告处理制度。生产经营单位内部事故标准，包括报告程序、现场应急处置、现场保护、资料收集、相关当事人调查、技术分析、调查报告编制等。还应明确向上级主管部门报告事故的流程、内容及时间要求等。

⑭应急管理制度。生产经营单位应急预案的制订、发布、演练、修订和培训等；总体预案、专项预案、现场处置方案等。制订应急管理制度及应急预案过程中，除考虑生产经营单位自身可能对环境和公众的影响外，还应重点考虑生产经营单位周边环境的特点，针对周边环境可能给生产、经营过程带来的影响。

⑮安全奖惩制度。生产经营单位安全奖惩的原则；奖励或处分的种类、额度等。

（2）人员安全管理制度。

①安全教育培训制度。包括生产经营单位各级管理人员安全管理知识培训、新员工三级教育培训、转岗培训；新材料、新工艺、新设备的使用培训；特种作业人员培训；岗位安全操作规程培训；应急培训等。还应明确各项培训的对象、内容、时间及考核标准等。

②劳动防护用品发放使用和管理制度。包括生产经营单位劳动防护用品的种类、适用范围、领取程序、使用前检查标准和用品寿命周期等内容。

③安全工器具的使用管理制度。包括生产经营单位安全工器具的种类、使用前检查标准、定期检验和器具寿命周期等内容。

④特种作业及特殊危险作业管理制度。包括生产经营单位特种作业的岗位、人员，作业的一般安全措施要求等。特殊危险作业是指危险性较大的作业，应明确作业的组织程序，保障安全的组织措施、技术措施的制订及执行等内容。

⑤岗位安全规范。包括生产经营单位除特种作业岗位外，其他作业岗位保障人身安全、健康，预防火灾、爆炸等事故的一般安全要求。

⑥职业健康检查制度。包括生产经营单位职业禁忌的岗位名称、职业禁忌症、定期健康检查、女工保护，以及《中华人民共和国职业病防治法》要求的相关内容等。

⑦现场作业安全管理制度。包括现场作业的组织管理制度，如工作联系单、工作票、操作票制度，以及作业现场的风险分析与控制制度、反违章管理制度等内容。

（3）设施设备安全管理制度。

①“三同时”制度。包括生产经营单位新建、改建、扩建工程“三同时”的组织审查、验收、上报、备案的执行程序等。

②定期巡视检查制度。包括生产经营单位日常检查的责任人员，检查的周期、标准、线路，发现问题的处置等内容。

③定期维护检修制度。包括生产经营单位所有设备、设施的维护周期、维护范围、维护标准等内容。

④定期检测、检验制度。包括生产经营单位须进行定期检测的设备种类、名称、数量；有权进行检测的部门主管人员；检测的标准及检测结果管理；安全使用证、检验合格证或者安全标志的管理等。

⑤安全操作规程。包括为保证国家、企业、员工的生命财产安全，根据物料性质、工艺流程、设备使用要求而制订的符合安全生产法律法规的操作程序。对涉及人身安全健康、生产工艺流程及周围环境有较大影响的设备、装置，如电气、起重设备、锅炉、压力容器、内部机动车辆、公路维护保养、机加工等，生产经营单位应制订安全操作规程。

（4）环境安全管理制度。

①安全标志管理制度。包括生产经营单位现场安全标志的种类、名称、数量、地点和位置；安全标志的定期检查、维护等。

②作业环境管理制度。包括生产经营单位生产经营场所的通道、照明、通风等管理标准；人员紧急疏散方向、标志的管理等。

③职业卫生管理制度。包括生产经营单位尘、毒、噪声、高低温、辐射等涉及职业健康有害因素的种类、场所；定期检查、检测及控制等管理内容。

2.2 全员安全生产责任制

2.2.1 建立全员安全生产责任制的目的和意义

《中华人民共和国安全生产法》第二十二条规定：“生产经营单位的全员安全生产责任制应当明确各岗位的责任人员、责任范围和考核标准等内容。生产经营单位应当建立相应的机制，加强对全员安全生产责任制落实情况的监督考核，保证全员安全生产责任制的落实。”《全国安全生产专项整治三年行动计划》中指出企业要建立健全从主要负责人到一线岗位员工覆盖所有管理和操作岗位的安全生产责任制，明确企业所有人员承担的安全生产责任。加强安全生产法治教育，提高全员守法自觉性，建立自我约束、持续改进的安全生产内生机制，建立企业内部安全生产监督考核机制，推动各个岗位安全生产责任落实到位。

全员安全生产责任制是根据我国的安全生产方针“安全第一、预防为主、综合治理”和安全生产法规建立的生产经营单位各级领导、职能部门、工程技术人员、岗位操作人员在劳动生产过程中对安全生产层层负责的制度。全员安全生产责任制是生产经营单位岗位责任制的细化，是生产经营单位中最基本的一项安全制度，也是生产经营单位安全生产、劳动保护管理制度的核心。全员安全生产责任制综合各种安全生产管理、安全操作制度，对生产经营单位及其各级领导、各职能部门、有关工程技术人员和生产工人在生产中应负的安全责任予以明确，主要包括各岗位的责任人员、责任范围和考核标准等内容。在全员安全生产责任制中，主要负责人应对本单位的安全生产工作全面负责，其他各级管理人员、职能部门、技术人员和各岗位操作人员，应当根据各自的工作任务、岗位特点，确定其在安全生产方面应做的工作和应负的责任，并与奖惩制度挂钩。

1）建立全员安全生产责任制的目的

（1）增强生产经营单位各级负责人员、各职能部门及其工作人员和各岗位生产人员对安全生产的责任感。

（2）明确生产经营单位中各岗位的责任人员、责任范围和考核标准等内容，以充分调动各级人员和各部门在安全生产方面的积极性和主观能动性，确保安全生产。

2）建立全员安全生产责任制的重要意义

（1）落实我国安全生产方针和有关安全生产法规和政策的具体要求。

（2）通过明确职责，使各级各类人员真正重视安全生产工作，对预防事故和减少损失、进行事故调查和处理、建立和谐社会等均具有重要作用。

2.2.2　建立全员安全生产责任制的要求

建立完善的全员安全生产责任制的总要求是：横向到边，纵向到底，并由生产经营单位的主要负责人组织建立。建立的全员安全生产责任制具体应满足如下要求：

（1）符合国家相关法律、法规和政策、方针要求。

（2）与生产经营单位管理体制协调一致。

（3）结合实际情况，明确、具体、具有可操作性，防止形式主义。

（4）有专门的人员与机构制订、落实，并应适时修订。

（5）有配套的监督、检查等制度，以保证安全生产责任制的真正落实。

2.2.3 全员安全生产责任制的内容

全员安全生产责任制应当定岗位、定人员、定安全责任，根据岗位的实际工作情况，确定相应的人员，明确岗位职责和相应的安全生产职责，实行“一岗双责”。根据“安全第一、预防为主、综合治理”和“管业务必须管安全、管生产经营必须管安全”的原则，建立各职能部门、各级人员在工作过程中对安全生产层层负责、人人有责的制度。全员安全生产责任制的主要内容包括两个方面。

1）横向方面

各职能部门（包括党、政、工、团）的安全生产职责。在建立责任制时，可按照本单位职能部门的设置（如安全、设备、计划技术、生产、基建、人事、财务、设计、档案、培训、党办宣传、工会团委等部门），分别对其在安全生产中应承担的职责作出规定。

2）纵向方面

即从上到下所有人员的安全生产职责。在建立责任制时，可首先将本单位从主要负责人到各岗位工人分成相应的层级；然后结合本单位的实际工作，对不同层级的人员在安全生产中应承担的职责作出规定。

纵向人员主要包括生产经营单位主要负责人、生产经营单位其他负责人、生产经营单位各职能部门负责人及其工作人员、班组长、岗位工人等。各类人员的主要职责简述如下：

（1）生产经营单位主要负责人对本单位的安全生产工作全面负责，生产经营单位的主要负责人对本单位安全生产工作负有下列职责：

①建立健全并落实本单位全员安全生产责任制，加强安全生产标准化建设。

②组织制订并实施本单位安全生产规章制度和操作规程。

③组织制订并实施本单位安全生产教育和培训计划。

④保证本单位安全生产投入的有效实施。

⑤组织建立并落实安全风险分级管控和隐患排查治理双重预防工作机制，督促、检查本单位的安全生产工作，及时消除生产安全事故隐患。

⑥组织制订并实施本单位的生产安全事故应急救援预案。

⑦及时、如实报告生产安全事故。

（2）生产经营单位其他负责人对职责范围内的安全生产工作负责。

（3）生产经营单位的安全生产管理机构以及安全生产管理人员履行下列职责：

①组织或者参与拟订本单位安全生产规章制度、操作规程和生产安全事故应急救援预案。

②组织或者参与本单位安全生产教育和培训，如实记录安全生产教育和培训情况。

③组织开展危险源辨识和评估，督促落实本单位重大危险源的安全管理措施。

④组织或者参与本单位应急救援演练。

⑤检查本单位的安全生产状况，及时排查生产安全事故隐患，提出改进安全生产管理的建议。

⑥制止和纠正违章指挥、强令冒险作业、违反操作规程的行为。

⑦督促落实本单位安全生产整改措施。

生产经营单位应设置专职安全生产分管负责人，协助本单位主要负责人履行安全生产管理职责。

（4）生产经营单位的各级负责人和经营管理人员在完成生产或经营任务的同时，对保证生产安全负责。

（5）各职能部门的人员，对自己业务范围内有关的安全生产负责。

（6）班组长对其岗位的安全生产工作负责。

（7）所有从业人员应在自己本职工作范围内做到安全生产。

（8）工会依法对安全生产工作进行监督。

3）考核标准

生产经营单位根据本单位实际，建立由本单位主要负责人牵头，相关负责人、安全生产管理机构负责人以及相关职能部门人员组成的全员安全生产责任制监督考核领导机构，协调处理全员安全生产责任制执行中的问题。主要负责人对全员安全生产责任制落实情况全面负责，安全生产管理机构负责全员安全生产责任制的监督和考核工作。生产经营单位应当建立完善全员安全生产责任制监督、考核、奖惩的相关制度，明确安全生产管理机构和相关职能部门的职责。全员安全生产责任制的落实情况应当与生产经营单位的安全生产奖惩措施挂钩。对于严格履行安全生产职责、达到安全生产责任制考核标准要求的，应当予以奖励；对于弄虚作假、未认真履行安全生产职责或者存在严重安全隐患、发生生产安全事故等未达到责任制考核标准要求的，给予严惩。充分发挥工会的作用，鼓励从业人员对全员安全生产责任制落实情况进行监督。主要负责人对全员安全生产责任制落实情况全面负责，安全生产管理机构负责全员安全生产责任制的监督和考核工作。

2.3 高速公路运营企业全员安全生产责任制的建立

为认真贯彻执行“安全第一、预防为主、综合治理”的方针，进一步加强公司安全生产的管理，有效防范各类事故的发生，切实保护人民生命财产安全，确保各项安全生产任务圆满完成，根据《中华人民共和国安全生产法》，按照“管业务必须管安全，管生产经营必须管安全”的原则，建立健全并落实全员安全生产责任制并实行严格的目标管理和安全奖惩办法，遏制重特大安全生产事故的发生。

建立高速公路运营企业全员安全生产责任制需要明确责任主体、制订安全生产管理目标、实施安全奖惩制度、开展安全培训和教育、建立安全生产信息管理系统、开展安全生产检查和评估。这些步骤需要相互衔接、相互促进，才能确保全员安全生产责任制地有效实施和高效运行。同时，全员安全生产责任制度的建立也需要不断完善和改进，以适应不断变化的安全生产形势和要求。

2.3.1 明确责任主体

为了确保安全生产工作的有效实施，需要明确责任主体的职责和权力。需明确高速公路运营企业主要负责人、分管负责人、各级职能部门负责人和经营管理人员、各职能部门的人员、所有从业人员、班组长、工会在安全生产中的权利和义务。

1）高速公路运营企业主要负责人

高速公路运营企业主要负责人对企业的安全生产工作全面负责，主要负责人对本单位安全生产工作负有下列职责：

（1）建立健全并落实全员安全生产责任制，加强安全生产标准化建设。高速公路运营企业主要负责人应确保高速公路运营企业遵守相关法律法规和安全标准，制订公司的安全生产政策和目标，将安全生产责任分配到各个部门和岗位，并确保各级责任人履行其安全职责。

（2）组织制订并实施安全生产规章制度和操作规程。高速公路运营企业主要负责人应制订适用于高速公路运营的安全生产规章制度和操作规程，确保各项工作按照规定进行。

（3）组织制订并实施安全生产教育和培训计划。高速公路运营企业主要负责人应组织制订安全生产教育和培训计划，提升员工有关风险管控、隐患排查治理、安全操作、应急处理等方面的知识和技能，以提高员工的安全意识和应对能力。

（4）确保安全生产投入的有效实施。高速公路运营企业主要负责人应确保安全生产投入，合理配置安全设备和保护装备，确保其正常运行和维护，并及时更新和维修设备，以保障安全生产的需要。

（5）组织建立并落实安全风险分级管控和隐患排查治理双重预防工作机制，督促、检查企业的安全生产工作，及时消除生产安全事故隐患。高速公路运营企业主要负责人应组织、建立并落实双重预防工作机制，对高速公路运营过程中的潜在风险和事故隐患进行识别、评估和控制，采取相应的预防措施，确保安全生产的持续改进和风险的有效控制。

（6）组织制订并实施企业的生产安全事故应急救援预案。高速公路运营企业主要负责人应制订并实施事故应急救援预案，按照应急响应程序和组织安排，明确各级责任人和相关部门在事故发生时的职责和行动，快速、有效地应对和处理生产安全事故，并最大限度地减少人员伤亡和财产损失。

（7）及时、如实报告生产安全事故。当发生生产安全事故时，高速公路运营企业主要负责人应立即向有关部门和上级主管部门报告事故情况，配合进行事故调查和处理，并及时向相关方提供事故信息和数据。

（8）高速公路运营企业其他负责人

对职责范围内的安全生产工作负责。根据各自的职能和岗位要求，确保相关工作的安全，包括监督落实安全生产制度、规章和操作规程，配合开展安全培训和教育，参与安全风险管控和隐患排查治理，及时上报和处理安全事件和事故。

2）高速公路运营企业的各级负责人和经营管理人员

高速公路运营企业的各级负责人和经营管理人员在完成生产或经营任务的同时，对保证生产安全负责。高速公路运营企业的各级负责人和经营管理人员应对所管理的区域或部门的安全生产工作负责，积极推动和支持安全生产措施的实施，以确保高速公路运营的安全稳定。

3）各职能部门的人员

各职能部门的人员对自己业务范围内有关的安全生产负责。各职能部门的工作人员应按照职责分工，确保所涉及的工作和操作符合安全要求，并积极参与安全生产培训和学习，提升自身的安全意识和专业技能，以更好地履行安全职责。

4）班组长

班组长对其所在班组的安全生产工作负责。班组长应指导和监督班组成员按照安全规程和操作程序开展工作，确保工作过程中的安全措施得到落实，并及时报告、处理安全问题和事故隐患。

5）所有从业人员

所有从业人员在自己本职工作范围内做到安全生产。所有从业人员都有责任遵守安全操作规程和程序，正确使用和保养安全设备和器材，及时报告和整改事故隐患，保障自身和他人的安全。

6）工会

工会依法对安全生产工作进行监督。工会在高速公路运营企业中扮演着监督和代表员工权益的角色，可以通过组织员工参与安全生产培训、开展安全宣传教育和举办安全活动等方式，促进安全生产责任的落实和企业的安全文化建设。

通过明确的分层和明确，确保每个责任主体在安全生产工作中发挥应有的作用和承担应有的责任。在责任主体明确的基础上，需要建立相应的责任体系和工作流程，以便各责任主体之间的协调配合和沟通交流，促进安全生产责任制的顺利运行。

在高速公路运营企业全员安全生产责任制的实施过程中，每个责任主体都应该严格遵守各项安全生产制度和规程，自觉履行安全生产责任，确保安全生产工作的有效实施。

2.3.2 制订全员安全生产责任制度

制订高速公路运营全员安全生产责任制度是确保安全生产责任落实的重要举措。制订符合公司实际的全员安全生产责任制度，明确各级责任人的职责、权限和考核办法等。全员安全生产责任制度应当包括安全生产工作的组织机构、各级领导责任、职能部门责任、工程技术人员责任、岗位操作人员责任、安全生产目标管理、安全奖惩制度等内容。

以下是制订全员安全生产责任制度的一般流程：

（1）明确制度制订的目的和内容：明确制订全员安全生产责任制度的目的，明确制度的内容，制订具体的责任分工和工作要求。

（2）收集相关资料和信息：收集与高速公路运营安全生产有关的法律法规、政策文件、管理规定、技术标准等资料，了解相关部门的管理制度和工作流程，了解公司内部的安全生产情况和存在的问题。

（3）制订安全生产责任制度：制订包括安全生产目标、责任主体、责任分工、工作流程、考核评估和奖惩制度等在内的安全生产责任制度。责任主体和责任分工应该根据公司的实际情况和安全生产风险等级进行合理的分配。

（4）审批、修改、完善：责任制度制订后应当经过公司领导的审批，如果需要可以进行修改完善。制订的责任制度应当与公司的其他管理制度相互衔接、互为支撑，形成一个有机整体。

（5）发布和宣传：制订完成后应当及时向全公司发布，并通过各种途径进行宣传，确保全体员工了解和掌握责任制度的内容。

（6）监督执行和改进完善：应当定期监督检查和评估责任制度的执行情况，及时发现和解决问题，并根据实际情况进行改进完善。

制订高速公路运营企业全员安全生产责任制度是确保安全生产责任落实的重要保障，需要全员参与，不断完善和提升责任制度的执行效果，确保高速公路运营安全生产工作的有效实施。责任制应当内容全面、要求清晰、操作方便。当管理架构发生变化、岗位设置调整、从业人员变动时，应当及时对责任制内容做出相应修改，以适应安全生产工作的需要。制订全员安全生产责任制度需要注意以下几点：

（1）制订的责任制度应当具有可操作性和可实施性，要考虑到公司实际情况和安全生产的特点，制订的责任制度不应当过于简单或复杂。

（2）责任制度中责任主体和责任分工应当明确，要防止责任主体模糊或重复，以免产生责任不清或责任推诿的情况。

（3）制订责任制度的过程中应当考虑各利益相关者的意见，如职工代表、工会等，让其参与制订，提出建设性的意见和建议，增强责任制度的可行性和可接受性。

（4）责任制度的实施需要全员参与，要通过宣传教育和培训等方式提高员工的安全意识和安全技能，让员工深刻认识到安全生产的重要性和必要性，使其在工作中主动履行安全生产责任。

（5）应当定期监督检查和评估责任制度的执行情况，及时发现和解决问题，形成长效机制，不断提升安全生产责任制度的执行效果。

2.3.3　落实安全生产目标管理

根据公司的安全生产目标，将其分解为各级责任人的具体目标，落实目标管理制度，确保各项安全生产任务的圆满完成。在实施安全生产目标管理时，需要明确责任人的任务，制订具体的工作计划，落实工作任务的分工和执行。

（1）确定目标：公司应当根据自身的实际情况和行业标准，制订具有可操作性的安全生产目标，目标应当明确、具体、可衡量，同时考虑到长期和短期的目标，确保目标的合理性和可行性。

（2）制订计划：制订针对目标实现的详细计划，包括时间节点、实施措施、资源投入等方面的考虑，确保计划的可行性和实施效果。

（3）任务分解：将安全生产目标分解为具体的任务，明确责任主体和责任分工，制订绩效考核标准，确保任务的落实和效果。

（4）执行落实：根据制订的计划和任务分解，确保各项措施的落实和执行，同时通过监督和考核等方式督促责任主体履行安全生产目标管理责任。

（5）总结评估：定期总结评估目标实现情况，及时发现和解决问题，对成果进行量化和评价，为下一步的目标制订和实施提供经验和参考。

（6）持续改进：执行安全生产目标管理后，还需要进行持续的改进。在目标的实施过程中，发现问题和不足之处，要及时调整和改进措施，确保安全生产管理的有效性和可持续性。

（7）加强宣传：为确保安全生产目标管理能够顺利实施，还需要加强安全生产宣传教育，增强全员安全意识和责任意识，提高员工的安全素养和技能水平。

（8）强化考核：为促进安全生产目标管理的落实和推进，还需要建立完善的考核机制，对责任主体的工作进行全面的评估和考核，对达成目标的单位和个人进行表彰和奖励，对未达成目标的单位和个人进行问责和惩处。

安全生产目标管理是一个长期、复杂的过程，需要全员参与和持续推进，同时要根据实际情况和行业特点不断完善和调整管理方式，不断提高安全生产管理的水平和效果。

2.3.4 实施安全奖惩制度

安全奖惩制度是一种重要的管理手段，可以激励员工积极参与安全生产工作，推动安全管理工作的开展。建立健全安全奖惩制度，明确奖励和处罚的标准和办法，鼓励安全生产，惩戒违规行为，确保各级责任人在安全生产中发挥应有的作用。

（1）制订安全奖惩制度：企业应当根据公司实际情况，制订符合安全生产法律法规要求的安全奖惩制度，明确奖惩标准和程序，确保奖惩公正、公平、公开。

（2）宣传安全奖惩制度：企业应当向全体员工宣传安全奖惩制度，使其知晓奖惩标准和程序，了解奖惩政策和措施，以提高员工的安全意识和责任意识。

（3）加强安全管理：企业应当通过加强安全生产管理，遏制和防止事故的发生，降低事故发生率，为安全奖励和惩罚提供充分的依据。

（4）实施安全奖励：企业应当根据安全奖惩制度，对取得显著成效的个人、团队或部门给予奖励，激励员工积极参与安全生产工作，提高企业的安全管理水平。

（5）实施安全惩处：企业应当根据安全奖惩制度，对安全生产责任人或不遵守安全管理规定的个人或单位给予相应的惩处，形成强有力的震慑作用，防止安全事故的发生。

（6）定期评估：企业应当定期对安全奖惩制度进行评估，不断完善和优化奖惩政策和措施，提高奖惩制度的适应性和有效性。

实施安全奖惩制度需要依靠全员的参与和支持，需要建立完善的制度和管理机制，还需要不断地改进和完善，才能够实现公司安全生产工作的全面、有效管理。

2.3.5 开展安全培训和教育

安全培训和教育是企业保障员工安全的重要手段，开展安全培训和教育，提高各级责任人的安全生产意识和技能，确保安全生产管理的有效实施。安全培训和教育应当包括安全生产法律法规、安全生产知识、应急救援措施、安全操作规程等方面的内容。

（1）制订培训计划：企业应当根据安全管理工作的需要，制订全员培训计划，明确培训内容和对象，确保培训的针对性和有效性。

（2）开展安全意识教育：企业应当开展安全意识教育，让员工认识到安全工作的重要性和必要性，增强安全意识和责任意识，从根本上提高安全工作的质量和效果。

（3）开展岗位安全培训：企业应当针对不同岗位的员工，开展相应的安全培训，使员工了解岗位所涉及的安全管理规定、操作规程、应急措施等，增强安全技能和应变能力。

（4）开展安全应急演练：企业应当定期组织安全应急演练，让员工掌握应急处置技能和方法，提高应对突发事件的能力，确保安全生产工作的顺利进行。

（5）开展安全知识竞赛：企业可以定期组织安全知识竞赛，让员工在比赛中学习安全知识、强化安全意识，增强团队凝聚力和协作能力。

（6）定期评估：企业应当定期评估培训和教育的效果，不断完善和优化培训计划和方法，提高培训和教育的实效性和针对性。

开展安全培训和教育需要注重方法和手段的创新和多样化，尽可能提高培训和教育的质量和效果，以保障员工的安全和企业的安全生产。

2.3.6　建立安全生产信息管理系统

建立安全生产信息管理系统是企业加强安全管理、提高安全生产水平的重要手段。建立安全生产信息管理系统，及时掌握和反映各项安全生产工作的情况，为安全生产管理决策提供科学依据。安全生产信息管理系统应当包括安全生产统计分析、安全生产信息报送和汇总等功能。

（1）明确系统的目标和需求：企业应当明确安全生产信息管理系统的目标和需求，制订系统建设的详细方案，包括系统功能、硬件设备、软件平台、数据库等。

（2）选取合适的软件平台：企业应当选取适合自己的软件平台，可以根据企业的规模和实际情况选择商业软件或自行开发。

（3）建立数据库和数据采集系统：企业应当建立完整的安全生产数据采集和数据库管理系统，对安全生产管理中的各项数据进行采集、整理、管理和统计。

（4）建立数据分析和预警系统：企业应当建立数据分析和预警系统，通过对安全生产数据的分析和预警，及时发现和解决潜在的安全隐患，提高安全生产管理水平。

（5）建立监管体系和安全评估体系：企业应当建立安全生产监管体系和安全评估体系，通过对数据的统计、分析和归纳，及时发现安全生产管理中的问题，提高管理水平。

（6）加强系统的安全保障：企业应当加强安全生产信息管理系统的安全保障，包括网络安全、数据备份、权限管理等，确保系统的安全可靠。

建立安全生产信息管理系统需要注重规划和设计，系统性、科学性和实用性。企业应当充分发挥信息化手段的优势，提高安全生产管理水平和工作效率。

2.3.7 开展安全生产检查和评估

定期对安全生产工作开展检查和评估，发现并解决事故隐患和问题，提高安全生产管理水平。安全生产检查和评估应当由从业人员和专业人员分别进行，由专业人员进行时其结果应当及时反馈到相应责任人，并及时采取相应措施。

高速公路运营企业在开展安全生产检查和评估时，可以按照以下步骤进行：

（1）确定检查和评估的范围和周期：高速公路运营企业应当根据自身情况和相关法律法规要求，确定安全生产检查和评估的范围和周期。例如，可以按照年度、季度、月、周、日进行检查和评估。

（2）制订检查和评估计划：在确定检查和评估范围和周期的基础上，高速公路运营企业应当制订具体的检查和评估计划，并明确检查和评估的内容、标准、方法和要求。

（3）开展安全生产检查：高速公路运营企业应当组织员工开展岗位自查及专业的安全生产检查人员，对各项安全生产工作进行全面、系统的检查。检查内容可以包括各项安全管理制度的执行情况、安全生产设施和设备的运行情况、作业人员的安全防范意识和安全操作能力等。

（4）进行安全生产评估：高速公路运营企业应当根据检查情况，进行安全生产评估。评估的内容可以包括各项安全生产工作的合规性、风险程度、整改措施和效果等。

（5）制订整改措施和计划：高速公路运营企业应当根据评估结果，制订具体的整改措施和计划，明确整改责任人、整改时限和整改要求，并监督落实整改情况。

（6）建立安全生产档案：高速公路运营企业应当建立安全生产档案，记录安全生产检查和评估的过程和结果，以及整改措施和效果等信息。

（7）不断完善和提高安全生产工作质量：高速公路运营企业应当不断完善和提高安全生产检查和评估工作的质量和效率，加强对安全生产风险的监控和预测，及时采取相应的安全防范和控制措施，确保安全生产工作的有效实施和可持续发展。

在开展安全生产检查和评估时，高速公路运营企业应当遵循以下原则：

（1）以预防为主：高速公路运营企业应当从预防安全事故的角度出发，重点检查和评估存在安全风险的环节和问题，并及时采取相应的预防措施，确保安全生产工作的有效实施和可持续发展。

（2）以问题为导向：高速公路运营企业应当注重问题的发现和解决，加强对安全生产隐患的排查和整改，及时消除安全生产事故隐患，有效管控安全风险，提高安全生产工作的水平和效率。

（3）全员参与：高速公路运营企业应当加强对员工的安全生产教育和培训，提高员工的安全防范意识和安全操作能力，鼓励员工积极参与安全生产检查和评估工作，共同维护企业的安全生产环境。

（4）公开透明：高速公路运营企业应当公开安全生产检查和评估的结果，接受社会监督和评价，及时反馈安全生产情况和问题，并采取相应的整改措施，确保安全生产工作的公开透明和公正公平。

第3章
高寒高落差山区高速公路安全风险分级防控流程及方法

3.1 风险辨识过程

3.1.1 风险辨识目的

高落差山区的高速公路路段，地形地貌和气候环境异常复杂。这些路段通常呈现出快速上升的海拔，地貌类型多样且复杂，地形狭窄、陡峭，沟壑纵横，地势起伏巨大，因此路线布置会受到很大限制。此外，气候条件极其恶劣，路段穿越不同的气候垂直分布带，高海拔路段的恶劣气候影响时间长，如雨、雪、冰、雾、风等。由于特殊的地理、地质和气候环境，该地区对公路的运营及管理有着更高的要求。同时，由于海拔高度的落差，高寒高落差山区高速公路路段经常受到大雾、冰雪、强侧风、强降雨等恶劣气候条件的影响，这些恶劣气候条件会对公路的安全运行产生负面影响。

为识别高寒高落差山区高速公路路段所面临的各种潜在风险，包括地形地貌、气候环境、交通状况等因素，对可能对公路运营造成威胁的因素进行归纳总结，为后续制订风险管控计划提供支撑。根据识别的各种潜在风险，对其可能发生的概率和对公路运营的影响程度进行评估，以此为依据制订相应的应对策略。高寒高落差山区高速公路路段风险辨识的目的是识别潜在风险，评估风险概率和影响程度，制订风险管理计划，提高管理水平，指导决策，保障人身和财产安全。

辨识高速公路运营管理过程中的风险源，确定风险及潜在风险，目的是对所辖高速公路整个运营管理活动中存在的各种风险做到心中有数，最终提出清除或减少风险的措施。建立公司风险管理体系，是做好运营高速管理事前安全控制、提前预防和针对性地采取有效控制措施手段，并根据运营管理的风险指数来确定运营管理过程中最佳的保护措施。

3.1.2　风险辨识方法的选择

对危险源进行分类是为了便于对危险源进行辨识和分析。危险源的分类方法有多种，本次评估风险源采用按引起的事故类型分类。

参照《企业职工伤亡事故分类标准》（GB 6441—1986），综合考虑事故的起因物、致害物、伤害方式等特点，将危险源及危险源造成的事故分为20类（表3-1）。此种分类方法所列的危险源与企业职工伤亡事故处理调查、分析、统计、职业病处理及职工安全教育的口径基本一致，也易于接受和理解，便于实际应用。

危险源及危险源造成的事故分类　　表3-1

序号	事故类型	序号	事故类型
1	物体打击	11	冒顶片帮（坍塌）
2	车辆伤害	12	透水（涌水突泥）
3	机械伤害	13	放炮（爆破）
4	起重伤害	14	火药爆炸
5	触电	15	瓦斯爆炸
6	淹溺	16	锅炉爆炸
7	灼烫	17	容器爆炸
8	火灾	18	其他爆炸
9	高处坠落	19	中毒和窒息
10	坍塌	20	其他伤害

风险辨识分为全面辨识和专项辨识。全面辨识是指为了全面掌握本单位风险，系统对本单位生产经营活动开展的风险辨识，每年不少于1次；专项辨识是指为了及时掌握本单位重点业务、工作环节或重点部位、管理对象的风险，对本单位生产经营活动范围内部分领域开展的风险辨识，一般在生产经营环节或其要素发生重大变化或管理部门有特殊要求时开展。

采用风险事件分析表、致险因素分析表进行风险辨识。其中，养护作业板块除采用《公路水路行业安全生产风险辨识评估管控基本规范（试行）》（交办安监〔2018〕135号）中推荐的方法进行辨识外，再采用“工作危害分析（JHA）记录法”进行辨识。对风险性较大路段，如连续上、下坡路段；不良地质、地形路段；隧道群路段；特殊气象、气候路段及经常发生交通拥堵的收费站进行专项风险辨识、评估。

3.1.3　确定辨识范围

以高速公路运营管理的区域为单元进行风险辨识，根据《公路养护技术规范》

（JTG H10—2009）等规范的要求，风险辨识主要包括从业人员的不安全行为、设施设备的安全可靠性、道路通行条件、天气条件以及管理的不到位五方面因素。高寒高落差山区高速公路运营安全生产风险源辨识分类为四个部分：常规路段、特殊路段、环境保护与水土保持、安全管理。将路段划分为常规路段和特殊路段两个部分，是基于不同路段的特性和风险差异，常规路段和特殊路段分开考虑有利于更加全面地识别和控制不同类型的风险，使整个风险辨识工作更加系统化。常规路段相对平坦，路况较好，车流量大，车速较快。在高寒高落差地区，路况复杂多变，道路地形复杂，交通事故频发，加上气候条件的影响，导致了这些特殊路段存在较高的风险和事故隐患。因此，将这些特殊路段作为独立的部分进行风险辨识和管控，有利于更加有针对性地采取相应的风险控制措施，提高道路的安全性和可靠性。由于气候条件恶劣，环境脆弱，山区高速弃土场选址困难，后期监测要求高，处理不当易引发山洪或泥石流。因此环境保护和水土保持尤为重要，土地利用变化导致的土壤侵蚀、施工过程中产生的污染、养护过程中可能带来的环境风险。安全管理是整个高速公路运营过程中最为重要的一环，也是公路管理部门最为关注的问题之一，在高寒高落差地区，由于气候条件恶劣、路况复杂，因此安全管理尤为重要。高寒高落差地区的高速公路运营安全生产风险源辨识划分为常规路段、特殊路段、环境保护与水土保持、安全管理四个部分，有利于系统化、全面地识别和评估风险源，为公路运营单位制订针对性的风险防范和控制措施提供了科学依据。同时，这样的划分也有利于提高公路管理部门对风险源的认识和关注度，有助于减少风险事件的发生，保障高速公路运营的安全和稳定。风险辨识范围覆盖公路的路段、桥梁、隧道、交通安全设施、养护、巡查作业等重点部位和特殊路段、环境保护与水土保持、安全管理等这几个关键环节的所有主要风险源，以满足公路管理部门的履职要求。

3.1.4 划分作业单元

按照风险管理需求“独立性”原则，根据公司业务范围、生产区域、管理单元、作业环节等进行单元划分。本次风险辨识划分为以下31个单元：路基；路面；桥梁、涵洞；隧道；交通安全设施；路线交叉；收费站；服务区；超限检测站；养护、巡查作业；办公区域；连续上坡路段；连续下坡路段；特大桥梁（悬索桥）；特长隧道和隧道群路段；气象灾害多发路段；地质灾害路段；隧道与互通式立体交叉相连路段；交通事故易发路段；生态环境；水土保持；声环境；地表水环境；目标职责；制度管理；教育培训；风险管理；现场管理；应急管理；事故管理；持续改进。

对公司全线路段风险点的划分，应遵循大小适中、便于分类、功能独立、易于管理、范围清晰的原则，主要分为静态风险点和动态风险点，其中，静态风险点主要包括设备、设施、场所、区域。动态风险点主要包括现场操作、巡检、检修、故障处理等作业活动。

公司全线路段划分作业单元情况见表3-2。

公司全线路段作业单元的划分 表3-2

<table>
<tr><th>序号</th><th>风险辨识分类</th><th colspan="2">风险辨识范围</th><th>风 险 点</th></tr>
<tr><td rowspan="27">1</td><td rowspan="27">常规路段</td><td rowspan="27">基础设施</td><td rowspan="7">路基</td><td>路肩</td></tr>
<tr><td>路基边坡</td></tr>
<tr><td>路基防护与支挡</td></tr>
<tr><td>路基翻浆与沉陷处治</td></tr>
<tr><td>排水设施</td></tr>
<tr><td>建筑限界</td></tr>
<tr><td>路侧净区</td></tr>
<tr><td rowspan="2">路面</td><td>路面构造</td></tr>
<tr><td>排水设施</td></tr>
<tr><td rowspan="18">桥梁、涵洞</td><td>翼墙、耳墙</td></tr>
<tr><td>锥坡、护坡</td></tr>
<tr><td>桥台</td></tr>
<tr><td>桥墩</td></tr>
<tr><td>基础</td></tr>
<tr><td>地基冲刷</td></tr>
<tr><td>支座</td></tr>
<tr><td>上部结构异常变形</td></tr>
<tr><td>桥与路连接</td></tr>
<tr><td>伸缩缝</td></tr>
<tr><td>桥面铺装</td></tr>
<tr><td>护栏</td></tr>
<tr><td>标志、标线</td></tr>
<tr><td>排水设施</td></tr>
<tr><td>桥面清洁</td></tr>
<tr><td>涵洞进水口</td></tr>
<tr><td>涵洞出水口</td></tr>
</table>

续上表

序号	风险辨识分类	风险辨识范围		风险点
1	常规路段	基础设施	桥梁、涵洞	涵身两侧
				涵身顶部
				涵底铺砌
				涵洞附近填土
			隧道	洞口截、排水沟
				洞门结构
				衬砌结构
				路面平整度
				路面抗滑性能
				检修道及盖板
				港湾式紧急停车带
				车行横通道
				人行横通道
				排水设施
				照明设施
				监控设施
				消防设施
				通风设施
				紧急呼叫设施
				洞口护栏过渡
				逆反射式标志
				发光式标志
				可变信息标志
				标线
			交通安全设施	交通标志（可变限速标志）
				交通标线
				护栏
				缓冲设施
				视线诱导设施
				隔离栅
				防落网
				防眩设施
				其他交通安全设施
			路线交叉	分、合流鼻端三角区
				匝道限速标志

续上表

序号	风险辨识分类	风险辨识范围		风 险 点
1	常规路段	基础设施	路线交叉	出口标志
				出口标线
				互通式立体交叉
				平面交叉
		收费站		收费站通道
				收费岛
				收费站广场
				消防设施
				排水设施
				监控设施
				机电设施
		服务区		加油站
				停车场
				车辆维修站
				公共厕所
				污水处理区
				监控设施
				消防设施
				排水设施
				机电设施
				餐厅
				充电桩
		超限检测站		入口匝道
				出口匝道
				断面过渡段
				检测车道
				检测设备
				消防设施
				排水设施
				电气设施
		养护、巡查作业		一般路段养护
				桥梁养护
				隧道养护
				匝道养护
				巡查作业

续上表

序号	风险辨识分类	风险辨识范围	风 险 点
1	常规路段	办公区域	食堂
			员工住宅
			公司
2	特殊路段	连续上坡路段	交通标志
			交通标线
			爬坡车道
		连续下坡路段	交通标志
			交通标线
			护栏
			避险车道
			监控设施
			货车检查站
		特大桥梁（悬索桥）	永久性控制监测点
			索塔
			锚碇
			主缆
			吊索、索夹、索鞍
			主梁（加劲梁）
			约束体系和伸缩装置
			桥梁护栏
			养护、检修通道
			桥梁附属设施
		特长隧道和隧道群路段	洞口截、排水沟
			洞口危石
			洞口棚洞
			洞口联络带
			洞门结构
			衬砌结构
			路面平整度
			路面抗滑性能
			检修道及盖板
			紧急停车带
			车行横通道
			人行横通道
			排水设施

续上表

序号	风险辨识分类	风险辨识范围	风险点
2	特殊路段	特长隧道和隧道群路段	照明设施
			监控设施
			消防设施
			通风设施
			紧急呼叫设施
			洞口护栏过渡
			洞内交通转换带
			辅助通道（竖井、斜井、平行通道与横通道、风道及地下机房、交叉口）
			逆反射式标志
			发光式标志
			可变信息标志
			标线
		气象灾害多发路段	雾区诱导系统
			防风栅
			防雪遮光棚
			逆反射式标志
			可变信息标志
			标线
			监控设施
		地质灾害路段	泥石流路段
			滑坡路段
			崩塌路段
		隧道与互通式立体交叉相连路段	互通出口
			互通入口
		交通事故易发路段	雅安—康定 K0+000~K1+000（互通 + 服务区）路段
			雅安—康定 K15+000~K19+000（桥梁 + 隧道 + 互通）路段
			雅安—康定 K30+000~K31+000（桥梁）路段
			雅安—康定 K38+000~K45+000（桥梁 + 服务区 + 互通区）路段
			雅安—康定 K58+000~K59+000（桥梁）路段
			雅安—康定 K92+000~K00+096（桥梁 + 隧道）路段
3	环境保护与水土保持	生态环境	三级生态环境
			二级生态环境
			一级生态环境

续上表

序号	风险辨识分类	风险辨识范围	风险点
3	环境保护与水土保持	水土保持	排水设施
			绿化设施
			结构稳定性
		声环境	三级声敏感区
			二级声敏感区
			一级声敏感区
			一般路段
		地表水环境	敏感路段
			一般路段
4	安全管理	目标职责	安全生产目标
			管理机构和人员
			安全责任体系
			安全投入
		制度管理	资质，资格
			法律法规及标准规范
			安全管理制度
			操作规程
			制度修订
			制度执行及档案管理
		教育培训	培训管理
			资格培训
			宣传教育
			从业人员培训
			规范档案
		风险管理	风险辨识
			风险评估
			风险监测
			重大风险管控
			预测预警
		现场管理	现场作业管理
			设施设备管理
			作业安全
			职业健康
			警示标志
		应急管理	应急预案

续上表

序号	风险辨识分类	风险辨识范围	风　险　点
4	安全管理	应急管理	应急队伍
			应急物资
			应急演练
			应急评估
		事故管理	事故报告
			事故调查与处理
			事故档案管理
		持续改进	绩效评定
			持续改进

3.1.5　确定风险事件

针对不同作业单元，结合日常安全生产管理实际，综合考虑历史风险事件发生情况，研究确定各作业单元可能发生的风险事件。风险事件分析表见表3-3。

风险事件分析表　　表 3-3

序号	风险辨识分类	风险辨识范围		风　险　点	典型风险事件
1	常规路段	基础设施	路基	路肩	坍塌、车辆伤害、物体打击
				路基边坡	坍塌、车辆伤害、物体打击、高处坠落
				路基防护与支挡	坍塌、车辆伤害、物体打击、高处坠落
				路基翻浆与沉陷处治	车辆伤害
				排水设施	淹溺、车辆伤害
				建筑限界	车辆伤害
				路侧净区	车辆伤害
			路面	路面构造	坍塌、车辆伤害
				排水设施	淹溺、车辆伤害
			桥梁、涵洞	翼墙、耳墙	车辆伤害、坍塌、物体打击
				锥坡、护坡	车辆伤害、坍塌、物体打击
				桥台	车辆伤害、坍塌
				桥墩	坍塌
				基础	坍塌
				地基冲刷	坍塌
				支座	车辆伤害
				上部结构异常变形	坍塌、车辆伤害
				桥与路连接	车辆伤害
				伸缩缝	车辆伤害

续上表

序号	风险辨识分类	风险辨识范围		风险点	典型风险事件
1	常规路段	基础设施	桥梁、涵洞	桥面铺装	车辆伤害、物体打击
				护栏	车辆伤害、物体打击
				标志、标线	车辆伤害
				排水设施	淹溺、车辆伤害
				桥面清洁	车辆伤害
				涵洞进水口	淹溺
				涵洞出水口	淹溺
				涵身两侧	车辆伤害、坍塌、火灾
				涵身顶部	车辆伤害、坍塌
				涵底铺砌	车辆伤害、淹溺
				涵洞附近填土	车辆伤害、坍塌
			隧道	洞口截、排水沟	坍塌、车辆伤害
				洞门结构	车辆伤害、坍塌
				衬砌结构	车辆伤害、坍塌
				路面平整度	车辆伤害
				路面抗滑性能	车辆伤害
				检修道及盖板	车辆伤害
				紧急停车带	车辆伤害
				车行横通道	车辆伤害
				人行横通道	车辆伤害
				排水设施	车辆伤害、淹溺
				照明设施	车辆伤害
				监控设施	车辆伤害、火灾、爆炸
				消防设施	火灾、车辆伤害
				通风设施	车辆伤害、中毒和窒息、物体打击
				紧急呼叫设施	车辆伤害
				洞口护栏过渡	车辆伤害
				逆反射式标志	车辆伤害、物体打击
				发光式标志	车辆伤害、物体打击
				可变信息标志	车辆伤害、物体打击
				标线	车辆伤害
			交通安全设施	交通标志	车辆伤害、物体打击
				交通标线	车辆伤害
				护栏	车辆伤害

续上表

序号	风险辨识分类	风险辨识范围		风　险　点	典型风险事件
1	常规路段	基础设施	交通安全设施	缓冲设施	车辆伤害
				视线诱导设施	车辆伤害
				隔离栅	物体打击、车辆伤害
				防落网	车辆伤害、物体打击
				防眩设施	车辆伤害
				其他交通安全设施	车辆伤害
			路线交叉	分、合流鼻端三角区	车辆伤害
				匝道限速标志	车辆伤害
				出口标志	车辆伤害
				出口标线	车辆伤害
				互通式立体交叉	车辆伤害
				平面交叉	车辆伤害
		收费站		收费站通道	车辆伤害
				收费岛	车辆伤害
				收费站广场	车辆伤害
				消防设施	火灾、其他爆炸
				排水设施	车辆伤害、物体打击
				监控设施	车辆伤害、触电、火灾、其他爆炸
				机电设施	火灾、触电
		服务区		加油站	火灾爆炸、车辆伤害
				停车场	车辆伤害
				车辆维修站	火灾爆炸
				公共厕所	其他伤害
				污水处理区	机械伤害
				监控设施	车辆伤害
				消防设施	火灾、其他爆炸、中毒窒息
				排水设施	车辆伤害、物体打击
				机电设施	触电、车辆伤害、火灾
				餐厅	其他伤害
				充电桩	触电、火灾、其他爆炸
		超限检测站		入口匝道	车辆伤害
				出口匝道	车辆伤害
				断面过渡段	车辆伤害
				检测车道	车辆伤害、物体打击
				检测设备	车辆伤害

续上表

序号	风险辨识分类	风险辨识范围	风 险 点	典型风险事件
1	常规路段	超限检测站	消防设施	火灾
			排水设施	车辆伤害、淹溺
			电气设施	触电
		养护、巡查作业	一般路段养护	车辆伤害
			桥梁养护	车辆伤害、坍塌、高处坠落、物体打击
			隧道养护	车辆伤害
			匝道养护	车辆伤害
			巡查作业	车辆伤害
		办公区域	食堂	灼烫、火灾、触电、爆炸
			员工住宅	火灾
			公司	物体打击、其他伤害
2	特殊路段	连续上坡路段	交通标志	物体打击、车辆伤害
			交通标线	车辆伤害
			爬坡车道	车辆伤害
		连续下坡路段	交通标志	物体打击、车辆伤害
			交通标线	车辆伤害
			护栏	车辆伤害、高处坠落
			避险车道	车辆伤害
			监控设施	车辆伤害
			货车检查站	车辆伤害
		特大桥梁（悬索桥）	永久性控制监测点	坍塌
			索塔	坍塌
			锚碇	坍塌
			主缆	物体打击
			吊索、索夹、索鞍	坍塌
			主梁（加劲梁）	坍塌
			约束体系和伸缩装置	车辆伤害
			桥梁护栏	高处坠落、物体打击、车辆伤害
			养护、检修通道	坍塌
			桥梁附属设施	高处坠落、物体打击
		特长隧道和隧道群路段	洞口截排水沟	坍塌、车辆伤害
			洞口危石	物体打击
			洞口棚洞	其他伤害
			洞口联络带	车辆伤害
			洞门结构	物体打击、坍塌

续上表

序号	风险辨识分类	风险辨识范围	风　险　点	典型风险事件
2	特殊路段	特长隧道和隧道群路段	衬砌结构	物体打击、坍塌
			路面平整度	车辆伤害
			路面抗滑性能	车辆伤害
			检修道及盖板	高处坠落、物体打击
			紧急停车带	车辆伤害
			车行横通道	车辆伤害
			人行横通道	其他伤害
			排水设施	淹溺、坍塌、触电
			照明设施	车辆伤害、触电
			监控设施	车辆伤害、火灾、爆炸
			消防设施	火灾
			通风设施	中毒窒息
			紧急呼叫设施	车辆伤害
			洞口护栏过渡	车辆伤害
			洞内交通转换带	车辆伤害
			辅助通道（竖井、斜井、平行通道与横通道、风道及地下机房、交叉口）	中毒窒息
			逆反射式标志	车辆伤害、物体打击
			发光式标志	车辆伤害、物体打击
			可变信息标志	车辆伤害、物体打击
			标线	车辆伤害
		气象灾害多发路段	雾区诱导系统	车辆伤害
			防风栅	车辆伤害
			防雪遮光棚	车辆伤害
			逆反射式标志	车辆伤害
			可变信息标志	车辆伤害
			标线	车辆伤害
			监控设施	车辆伤害
		地质灾害路段	泥石流路段	车辆伤害
			滑坡路段	坍塌、车辆伤害
			崩塌路段	坍塌、车辆伤害
		隧道与互通式立体交叉相连路段	互通出口	车辆伤害
			互通入口	车辆伤害

续上表

序号	风险辨识分类	风险辨识范围	风 险 点	典型风险事件
2	特殊路段	交通事故易发路段	雅安—康定 K0+000~K1+000（互通 + 服务区）路段	车辆伤害、坍塌、火灾
			雅安—康定 K15+000~K19 +000（桥梁 + 隧道 + 互通）路段	车辆伤害、坍塌、火灾
			雅安—康定 K30+000~ K31+000（桥梁）路段	车辆伤害、坍塌、火灾
			雅安—康定 K38+000~ K45+000（桥梁 + 服务区 + 互通区）路段	车辆伤害、坍塌、火灾
			雅安—康定 K58+000~ K59+000（桥梁）路段	车辆伤害、坍塌、火灾
			雅安—康定 K92+000~ K00+096（桥梁 + 隧道）路段	车辆伤害、坍塌、火灾
3	环境保护与水土保持	生态环境	三级生态环境	其他伤害
			二级生态环境	其他伤害
			一级生态环境	其他伤害
		水土保持	排水设施	其他伤害、坍塌
			绿化设施	其他伤害
			结构稳定性	其他伤害、坍塌
		声环境	三级声敏感区	其他伤害
			二级声敏感区	其他伤害
			一级声敏感区	其他伤害
			一般路段	其他伤害
		地表水环境	敏感路段	其他伤害、中毒和窒息
			一般路段	其他伤害、中毒和窒息
4	安全管理	目标职责	安全生产目标	—
			管理机构和人员	—
			安全责任体系	—
			安全投入	—
		制度管理	资质、资格	—
			法律法规及标准规范	—
			安全管理制度	—
			操作规程	—
			制度修订	—
			制度执行及档案管理	—
		教育培训	培训管理	—
			资格培训	—
			宣传教育	—
			从业人员培训	—
			规范档案	—

续上表

序号	风险辨识分类	风险辨识范围	风 险 点	典型风险事件
4	安全管理	风险管理	风险辨识	—
			风险评估	—
			风险监测	—
			重大风险管控	—
			预测预警	—
		现场管理	现场作业管理	—
			设施设备管理	—
			作业安全	—
			职业健康	—
			警示标志	—
		应急管理	应急预案	—
		应急管理	应急队伍	—
			应急物资	—
			应急演练	—
			应急评估	—
		事故管理	事故报告	—
			事故调查与处理	—
			事故档案管理	—
		持续改进	绩效评定	—
			持续改进	—

3.1.6 分析致险因素

针对管理处及所辖高速公路不同作业单元，按照人、机、环、管四种不安全因素进行主要致险因素分析，建立致险因素分析表，一般包含：从业人员安全意识、安全与应急技能、安全行为或状态；生产经营基础设施、运输工具、工作场所等设施设备的安全可靠性；影响安全生产外部要素的可知性和应对措施；安全生产的管理机构、工作机制及安全生产管理制度合规性和完备性。

由于养护作业风险高，针对养护作业除采用致险因素分析表（表3-4）进行分析外，再采用工作危害分析（JHA）记录表（表3-5）进行分析。本方法是针对每个作业活动中的每个作业步骤或内容有关风险点进行分析，能较好地识别作业风险。

致险因素分析表（样表） 表 3-4

风险辨识范围（业务名称）	作业单元	典型风险事件	致险因素			
			人的因素	道路设备因素	环境因素	管理因素

工作危害分析（JHA）记录表（样表）　　表 3-5

序号	单元划分	危险源或潜在事件（人、物、作业环境、管理）	可能发生的事故类型及结果	现有控制措施					备注
				工程技术	管理措施	培训教育	个体防护	应急处置	

3.2 风险分级管控

3.2.1 风险管控的要求

风险分级管控应遵循“风险越高管控层级越高；上一级负责管控的风险，下一级必须同时负责管控”的原则，根据风险不同级别、所需管控资源、管控能力、管控措施复杂及难易程度等因素确定管控层级，并逐级落实具体措施。对于操作难度大、技术含量高、风险等级高、可能导致严重后果的作业活动应重点进行管控。

按照“分级管控”原则，制订相应的管控措施，明确不同等级风险管控责任分工，明确管控责任人，细化岗位责任，建立风险管控责任清单，并按照分级管控责任将责任清单逐级上报至上级部门。

1）重大风险

可根据本单位实际明确管控责任主体，基层单位、班组、岗位等层级必须按职责参与管控工作。应立即增加、调整管控措施并有效落实，将风险降低到可接受或可容许程度，相关过程应建立记录文件；如不能立即增加、调整管控措施，或管控措施不能有效落实，必须立即停止相关生产作业活动。

2）较大风险

可根据本单位实际明确管控责任主体，并层层明确管控责任和措施。风险所在基层单位、班组、岗位等层级必须按职责参与管控工作。应制订改进措施进行控制管理，如不能立即增加、调整管控措施，或管控措施不能有效落实，必须立即停止相关生产作业活动。

3）一般风险

可根据本单位实际明确管控责任主体，风险所在基层单位、班组、岗位等层级必须按职责参与管控工作。管控单位应立即增加、调整管控措施并有效落实。

4）较小风险

可根据本单位实际明确管控责任主体，并层层明确管控责任和措施。风险所在基层单位、班组、岗位等层级必须按职责参与管控工作。要求上级督办的风险管控事项要做到立即整改，控制风险。

集团公司监控本级及省级以上要求督办的风险管控事项。

3.2.2　风险管控及动态监控

风险管控措施要结合风险等级、性质等因素。风险控制措施的选择要考虑可行性、可靠性、安全性、经济性等科学制订。同级别的风险要结合工程技术、管理、教育培训、个体防护、应急处置等措施，采取一种或多种措施进行控制，形成风险分级管控责任清单，并进行监测监控、评估、预警，建立风险动态监控机制。

3.2.3　风险告知

将风险基本情况、应急措施等信息通过安全手册、公告提醒、标识牌、讲解宣传、风险告知卡等方式告知本单位从业人员和进入风险区域的外来人员。

3.2.4　教育培训

针对全体员工特别是关键岗位员工，加强风险管控教育培训，明确教育培训内容、对象、时间安排等。开展全面辨识、专项辨识后要结合辨识结果组织人员进行教育培训。新入职人员、岗位轮换人员、离岗时间较长人员上岗前必须组织风险管控教育培训。

3.2.5　档案管理

及时登记备案，如实记录风险辨识、评估、管控等工作痕迹和信息。

3.2.6　重大风险的管控

针对重大风险应建立基础信息清单、责任分工清单、防控措施清单、监测监控清单和应急处置清单。

（1）重大风险防控。凡是涉及符合上级发布的重大风险清单中风险点的情景描述的，直接列为本单位的重大风险源。经本单位辨识评估确认的重大风险必须纳入重大风险源进行管控。

①对重大风险制订动态监测计划，定期更新监测数据或状态（每月不少于1次），并单独建档。

②重大风险应单独编制专项应急预案。

③重大风险确定后按年度组织专业技术人员对风险管控措施进行评估改进，年度评

估报告应在次年1月内通过交通运输安全生产风险管理系统向属地负有安全生产监督管理职责的交通运输管理部门报送。

④对进入重大风险影响区域的本单位从业人员组织开展安全防范、应急逃生避险和应急处置等相关培训和演练。

（2）重大风险报备。生产经营单位应当将本单位重大风险有关信息通过公路水路行业安全生产风险管理信息系统进行登记，构成重大危险源的，应向属地综合安全生产监督管理部门备案。登记信息应当及时、准确、真实。

3.2.7 风险辨识、评估分级管控责任清单

根据《公路水运行业安全生产风险管理暂行办法》，结合所辖高速公路风险辨识和评估结果，制订公司风险分级管控责任清单。

3.3 风险等级评估方案

根据《公路水路行业安全生产风险辨识评估管控基本规范（试行）》，风险评估采用风险判定矩阵法（LC法）。

LC法的风险评估指标体系为：风险等级主要由风险事件发生的可能性（L）（表3-6）、后果严重程度（C）（表3-7、表3-8）决定；安全生产风险等级（D）（表3-9）由高到低统一划分为四级：重大、较大、一般、较小。风险等级大小（D）由风险事件发生的可能性（L）、后果严重程度（C）两个指标决定，即$D=LC$。

可能性（L）判断标准表　　表3-6

序号	可能性级别	发生的可能性	取值区间
1	极高	极易	(9，10]
2	高	易	(6，9]
3	中等	可能	(3，6]
4	低	不大可能	(1，3]
5	极低	极不可能	(0，1]

注：1. 可能性指标取值为区间内的整数或最多一位小数；
2. 区间符号“[ ]”包括“等于”，“( )”不包括“等于”，如：(0，1] 表示0 <取值≤1。

后果严重程度（C）等级取值表　　表3-7

后果严重程度	后果严重程度取值	后果严重程度	后果严重程度取值
特别严重	10	较严重	2
严重	5	不严重	1

后果严重程度总体判断标准定义　　表 3-8

后果严重程度	后果严重程度总体判断标准定义
特别严重	（1）人员伤亡：可能发生人员伤亡数量达到《生产安全事故报告和调查处理条例》中特别重大事故伤亡标准； （2）经济损失：可能发生经济损失达到《生产安全事故报告和调查处理条例》中特别重大事故经济损失标准； （3）环境污染：可能造成特别重大生态环境灾害或公共卫生事件； （4）社会影响：可能对国家或区域的社会、经济、外交、军事、政治等产生特别重大影响
严重	（1）人员伤亡：可能发生人员伤亡数量达到《生产安全事故报告和调查处理条例》中重大事故伤亡标准； （2）经济损失：可能发生经济损失达到《生产安全事故报告和调查处理条例》中重大事故经济损失标准； （3）环境污染：可能造成重大生态环境灾害或公共卫生事件； （4）社会影响：可能对国家或区域的社会、经济、外交、军事、政治等产生重大影响
较严重	（1）人员伤亡：可能发生人员伤亡数量达到《生产安全事故报告和调查处理条例》中较大事故伤亡标准； （2）经济损失：可能发生经济损失达到《生产安全事故报告和调查处理条例》中较大事故经济损失标准； （3）环境污染：可能造成较大生态环境灾害或公共卫生事件； （4）社会影响：可能对国家或区域的社会、经济、外交、军事、政治等产生较大影响
不严重	（1）人员伤亡：可能发生人员伤亡数量达到《生产安全事故报告和调查处理条例》中一般事故伤亡标准； （2）经济损失：可能发生经济损失达到《生产安全事故报告和调查处理条例》中一般事故经济损失标准； （3）环境污染：可能造成一般生态环境灾害或公共卫生事件； （4）社会影响：可能对国家或区域的社会、经济、外交、军事、政治等产生较小影响

注：表中同一等级的不同后果之间为“或”关系，即满足条件之一即可。

LC 法风险等级（D）取值区间表　　表 3-9

风险等级	风险等级取值区间	颜色	风险等级	风险等级取值区间	颜色
重大风险（Ⅳ）	（55，100］	红色	一般风险（Ⅱ）	（5，20］	黄色
较大风险（Ⅲ）	（20，55］	橙色	较小风险（Ⅰ）	（0，5］	蓝色

1）风险判定准则

风险等级大小（D）的分级标准为：D值越大，说明该系统危险性大，需要增加安全措施，或改变发生事故的可能性，或减轻事故损失，直至调整到允许范围内。从风险等级大小（D）的计算结果可以知道各个风险源的风险大小，危险程度为较大风险（Ⅲ级）及以上风险源应列为重大风险源进行管理。

2）风险评估

在对各类风险点和危险源进行风险评估时，应根据制订的风险评估准则，在充分考虑现有安全管控措施的基础上，明确事故（事件）发生的可能性、严重性的取值，计算风险值。

3）风险等级划分准则

根据《公路水运行业安全生产风险辨识评估管控基本规范（试行）》要求，风险等级判断应遵循“科学”和“从严从高”的原则，风险等级的判定标准要根据实际情况确定的取值范围，以保证风险判定的准确性。将各评价级别划分为重大风险、较大风险、一般风险和较小风险级别，分别用“红、橙、黄、蓝”四种颜色表示。划分标准见表3-9。

3.4 高寒高落差山区高速公路运营安全风险库

根据安全生产有关法律、法规、规章、标准、规范文件及安全监管要求等，对31个单元进行风险辨识评估分级。确定每个单元风险点、风险事件、致险因素、风险等级，提出对应控制措施，以及引用的标准、规范，每个单元制作了单元风险辨识评估分级清单，最终形成《高寒高落差山区高速公路运营安全风险库》，其单元风险辨识评估分级清单内容示例见表3-10。

某单元风险辨识评估分级清单内容示例　　表3-10

序号	风险点	风险事件（事故类型）	致险因素	风险等级	控制措施	引用的标准/规范

《高寒高落差山区高速公路运营安全风险库》的31个单元风险辨识评估分级清单见附录1。

第 4 章 高寒高落差山区高速公路运营事故隐患排查标准

高寒高落差山区高速公路运营管理期安全生产安全事故隐患分级标准将事故隐患分为重大事故隐患、一般事故隐患两级。一般事故隐患分为甲级、乙级两个亚级。隐患分级判定分为直接判定法和综合判定法，应先采用直接判定法，不能用直接判定法的，采用综合判定法判定。

4.1 生产安全事故隐患定义的研究现状

2007年，国家安全生产监督管理总局发布的《安全生产事故隐患排查治理暂行规定》（安监总局令第16号）对安全生产事故隐患的定义为：生产经营单位违反安全生产法律、法规、规章、标准、规程和安全生产管理制度的规定，或者因其他因素在生产经营活动中存在可能导致事故发生的物的危险状态、人的不安全行为和管理上的缺陷。

中国石油天然气集团公司（以下简称中石油）认为，生产安全事故隐患是指生产区域、工作场所中，存在可能导致人身伤亡或财产损失或造成重大社会影响的设备、装置、设施、生产系统等方面的缺陷和问题。

中国石油化工集团公司（以下简称中石化）认为，生产安全事故隐患是指违反安全生产法律、法规、规章、标准、规程和安全生产管理制度的规定，存在可能导致事故发生的危险状态、人的不安全行为和管理上的缺陷。

综上所述，生产安全事故隐患的定义包括两层含义：一是违反安全生产法律、法规、规章、标准、规程和安全生产管理制度规定的，才能算生产安全事故隐患；二是生产安全事故隐患包括人的不安全行为、物的不安全状态、管理上的缺陷三个方面。此外，有学者提出环境因素也会诱发事故，并将事故隐患定义为人机环境系统导致事故发生因素的组合。

4.2 生产安全事故隐患分级方法的研究现状

《安全生产事故隐患排查治理暂行规定》将安全生产事故隐患分级分为一般事故隐患和重大事故隐患。重大事故隐患定义中规定了“危害和整改难度较大的隐患”，一般事故隐患定义中规定了“危害和整改难度较小的隐患”，但该规定未对“危害和整改难度较大”“危害和整改难度较小”提出具体的量化判定标准。

2012年，国务院安全生产委员会办公室发布的《安全生产事故隐患排查治理体系建设实施指南》承袭了《安全生产事故隐患排查治理暂行规定》对安全生产事故隐患的定义和分级方法。

沈静涛根据事故隐患的定义建立了“隐患危害程度”和“整改难易程度”两个事故隐患等级评判因素。采用事故树分析方法和LEC评价法，分别分析两个评判因素的大小，再运用事故树分析方法进行综合评判，建立一种事故隐患等级定量划分方法。

黄国辉基于危险性评价方法LEC评价法，对火灾隐患进行分级评价，并对火灾隐患进行危险性分级。该评价法主要考虑事故或危险事件发生的可能性、危险环境、危险严重度。

李祯借鉴风险矩阵的方法来对隐患进行等级划分，其风险矩阵如图4-1所示。

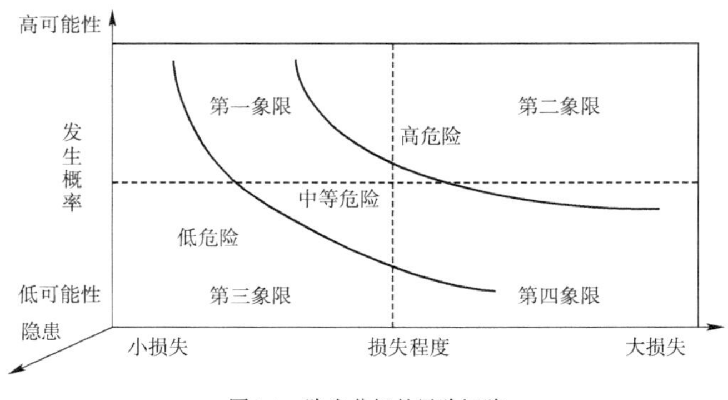

图4-1　隐患分级的风险矩阵

于忠林针对当前火灾隐患分级中存在只有定性分级、人为因素较大等问题，提出采用三个指标取值相乘得到隐患等级。三个指标分别为“违反消防法律法规和技术规范”“火灾危险性”和“火灾危害性”。

刘振伟介绍了模糊评价法在隐患分级中的应用。通过建立隐患评价指标体系，利用模糊数学的运算方法求各指标的重要度，最终确定隐患等级。

综上所述，国家层面主要依据《安全生产事故隐患排查治理暂行规定》，考虑危害程度和整改难度两方面，将事故隐患分级分为一般事故隐患和重大事故隐患。在此基础上，企业、学者将事故隐患分级按照危害程度进行了量化，并综合考虑了事故等级后果，比如人员伤亡、直接经济损失以及社会影响力等指标，对事故隐患进行量化分级。在实际操作中，主要存在定性划分不好掌握的问题，需要制订具有可操作性的量化分级标准。

4.3　重大生产安全事故隐患判定标准的研究现状

重大隐患可由直接判定法、综合判定法进行判定。个别行业（如水利工程、消防）的判定标准为直接判定和综合判定相结合的方式，多数行业的重大事故隐患判定标准为直接判定。

目前，关于重大事故隐患判定依据并没有明确的量化定义。《安全生产事故隐患排查治理暂行规定》中定义的重大事故隐患是现行各个判别标准或指南进行重大事故隐患判定的主要依据。但是从大多数行业的判定标准来看，在实施过程中没有过多关注整改难易程度，而只关注事故后果危害大小。从是否诱发重特大事故的角度来推断，只要是能够导致重特大事故发生的隐患，即认定为重大事故隐患。其实，《安全生产事故隐患排查治理暂行规定》关注的是“危害和整改难度较大”，更加严格地讲，可能导致较大以上事故发生的隐患就应当是重大事故隐患。

1）矿山行业

矿山行业采用直接判定法判定重大生产安全事故隐患。

2015年，国家安全生产监督管理总局发布《煤矿重大生产安全事故隐患判定标准》（国家安全生产监督管理总局令第85号）是各行业领域第一个明确重大事故隐患的标准。

2020年，应急管理部第31次部务会议审议通过《煤矿重大事故隐患判定标准》（应急管理部令第4号）。这是煤矿行业重大安全生产事故隐患的现行判定标准。该判定标准将煤矿重大事故隐患分为15个方面，并列举了每个方面的具体情形。

《金属非金属矿山重大生产安全事故隐患判定标准》（安监总管一〔2017〕98号）将金属非金属矿山重大生产安全事故隐患分为地下矿山重大生产安全事故隐患、露天矿山重大生产安全事故隐患、尾矿库重大生产安全事故隐患三类，并列举了相关情形。

2）工贸行业

工贸行业采用直接判定法判定重大生产安全事故隐患。

2015年，国家安全生产监督管理总局发布了《工贸行业重大事故隐患判定标准（征求意见稿）》，规定了粉尘爆炸、液氨制冷和有限空间三类专项重大事故隐患和冶金、有色、建材、机械、轻工、纺织、烟草、商贸八类行业重大事故隐患。

2017年，国家安全生产监督管理总局发布《关于印发〈工贸行业重大生产安全事故隐患判定标准（2017版）〉的通知》（安监总管四〔2017〕129号）。这是工贸行业重大安全生产事故隐患的现行判定标准。由于工贸涉及行业较多，该判定标准将重大生产安全事故隐患分为“专项类重大事故隐患”和“行业类重大事故隐患”。“专项类重大事故隐患”分为粉尘爆炸、液氨制冷、有限空间作业三个领域，并列举了相关情形。“行业类重大事故隐患”分别阐述了冶金、有色、建材等行业的具体情形。

李鹏举根据《工贸行业重大生产安全事故隐患判定标准（2017版）》，分析了粉尘爆炸危险场所重大隐患与典型控制措施。他将控制措施分为工程技术措施、管理措施、个体防护措施、应急处置措施四种类型。

3）水运行业

水运行业采用直接判定法判定重大生产安全事故隐患。

交通运输部办公厅印发的《水上客运重大事故隐患判定指南（暂行）》（交办海〔2017〕170 号）分为13个条款。该指南将水上客运重大事故隐患分为六个方面，并列举了每个方面的具体情形。对于不能依据本指南直接判断是否为重大事故隐患的情况，可组织有关专家，依据安全生产法律法规、规章、标准、规程和安全生产管理制度，进行论证、综合判定。

交通运输部办公厅印发的《危险货物港口作业重大事故隐患判定指南》分为12个条款。该指南将危险货物港口作业重大事故隐患分为五个方面，并列举了每个方面的具体情形。对发现的风险较大且难以直接判断为重大事故隐患的，组织五名或七名危险货物港口作业领域专家，依据安全生产法律法规、国家标准和行业标准，结合同类型重特大事故案例，针对事故发生的概率和可能造成的后果、整改难易程度，采用风险矩阵、专家分析等方法，进行论证分析、综合判定。

王靖瑶通过对船舶行业和其他行业各类生产安全事故调查分析，提出适用于船舶行业企业重大事故隐患的判定方法。通过运用四类直接判定标准和六类综合判定标准（动火作业、涂装作业、有限空间作业、高处作业、起重作业、电气作业），指导企业开展重大事故隐患排查治理工作。

4）存在的问题

《中华人民共和国安全生产法》第一百一十八条规定，“国务院应急管理部门和其他负有安全生产监督管理职责的部门应当根据各自的职责分工，制订相关行业、领域重大危险源的辨识标准和重大事故隐患的判定标准”。《国务院安全生产委员会办公室关于实施遏制重特大事故工作指南构建双重预防机制的意见》（安委办〔2016〕11号）作为顶层设计给出了制订重大事故隐患判定标准的指导意见。然而，我国西部高速公路运营企业综合了机电维修、工程养护、安全环保等多个作业领域，具有桥隧比大、气象条件恶劣、地质灾害严重等特点，这些特点与矿山行业、化工行业、工贸行业等存在较大差别，目前国家已发布的重大事故隐患判定标准（表4-1）尚不适用于西部高速公路运营企业。

国家已发布的重大事故隐患判定标准统计表　　表 4-1

序号	名　称	发布部门	发布形式	编　号	发布时间
1	化工和危险化学品生产经营单位重大生产安全事故隐患判定标准（试行）	国家安全生产监督管理总局	公文	安监总管三〔2017〕121 号	2017 年
2	烟花爆竹生产经营单位重大生产安全事故隐患判定标准（试行）	国家安全生产监督管理总局	公文	安监总管三〔2017〕121 号	2017 年
3	金属非金属矿山重大生产安全事故隐患判定标准（2022 版）	国家安全生产监督管理总局	公文	矿安〔2022〕88 号	2022 年
4	工贸行业重大生产安全事故隐患判定标准（2023 版）	国家安全生产监督管理总局	公文	应急部令第 10 号	2023 年
5	煤矿重大事故隐患判定标准	应急管理部	公文	中华人民共和国应急管理部令第 4 号	2020 年
6	水上客运重大事故隐患判定指南（暂行）	交通运输部	公文	交办海〔2017〕170 号	2017 年

根据事故隐患的定义，重大事故隐患类型主要包括人的不安全行为、物的不安全状态、管理上的缺陷（表4-2）。不完全统计，重大事故隐患判定标准中，涉及物的判定标准条数为156条，人的不安全行为为11条，管理上的缺陷为43条。这说明，目前重大事故隐患判定标准条款分布多集中在设备、设施等物的不安全状态上，对人的不安全行为、管理上的缺陷考虑较少。

重大事故隐患判定标准条款分布（单位：条）　　表 4-2

其他行业重大事故隐患判定标准名称	人的不安全行为	物的不安全状态	管理上的缺陷
化工和危险化学品生产经营单位重大生产安全事故隐患判定标准（试行）	2	14	4
烟花爆竹生产经营单位重大生产安全事故隐患判定标准（试行）	3	13	4
金属非金属矿山重大生产安全事故隐患判定标准（试行）	0	41	0
煤矿重大生产安全事故隐患判定标准	1	12	2
工贸行业重大生产安全事故隐患判定标准（2017 版）	2	30	5
水上客运重大事故隐患判定指南（暂行）	2	2	2
合计	9	100	15

4.4 高寒高落差山区高速公路运营管理期安全生产事故隐患分级标准初步方案

4.4.1 总则

为科学判定高速公路安全事故隐患，防范生产安全事故，根据《中华人民共和国安全生产法》等法律法规，制订本判定标准。

本方案适用于高寒高落差山区高速公路运营管理期的生产安全事故隐患判定。事故隐患判定应严格执行国家和行业有关法律法规、技术标准，有关法律法规、技术标准对相关隐患判定另有规定的，适用其规定。

本方案中的事故隐患是指高速公路运营单位违反安全生产法律、法规、规章、标准、规程和安全生产管理制度的规定，或者因其他因素在生产经营活动中存在可能导致事故发生的物的危险状态、人的不安全行为、场所的不安全因素和管理上的缺陷。

本方案将事故隐患分为重大事故隐患、一般事故隐患两级。

（1）重大事故隐患是指危害和整改难度较大，应当全部或者局部停产停业，并经过一定时间整改治理方能排除的隐患，或者因外部因素影响致使自身难以排除的隐患。重大事故隐患由公司安全环保与路产管护部管理，并立即上报上级公司、相关监管部门。

（2）一般事故隐患是指危害和整改难度较小，发现后能够立即整改排除的隐患。甲级一般事故隐患指不能够在7d时间内整改排除但又不属于重大事故隐患的，由管理处安全环保与路产管护部管理。乙级一般事故隐患指发现后能够在7d时间内整改排除的隐患，由站和队管理。

运营管理单位可根据本方案所列隐患的危害程度，依照有关法律法规和技术标准，结合本单位实际适当增补隐患内容，按照本标准的方法判定。

4.4.2 判定要求

隐患判定应认真查阅有关文字、影像资料和会议记录，并进行现场核实。

对于涉及面较广、复杂程度较高的事故隐患，运营管理单位可进行集体讨论或专家技术论证。

集体讨论或专家技术论证在判定重大事故隐患时，应当明确重大事故隐患的治理措施、治理时限以及治理前应采取的防范措施。

4.4.3　隐患严重指数

隐患严重指数是代表隐患严重程度的物理量，隐患严重指数越大，隐患等级越高。

定义隐患严重指数的计算式为：

隐患严重指数=预计整改时间标准化值 × X_1%+整改预算标准化值 × X_2%+
中断交通程度标准化值 × X_3%+风险等级标准化值 × X_4%+
社会影响标准化值 × X_4%

式中：X_1、X_2、X_3、X_4——权重系数。

其中，预计整改时间标准化值、整改预算标准化值采用Min-max 标准化方法，取值范围为［0,1］。隐患整改最长工期取值90d。整改预算最大值取500万元。

若不中断交通，中断交通程度标准化值取0.0；若需要中断一半道路的交通，中断交通程度标准化值取0.5；若需要完全中断交通，中断交通程度标准化值取1.0。中断交通程度标准化值的取值可参考表4-3中的数据。

中断交通程度表　　表 4-3

是否中断交通	中断交通程度标准化值
不中断交通	0.0
中断一半道路的交通	0.5
完全中断交通	1.0

若风险等级为重大风险，风险等级标准化值取1.0；若风险等级为较大风险，风险等级标准化值取0.7；若风险等级为一般风险，风险等级标准化值取0.3；若风险等级为较小风险，风险等级标准化值取0.0。

风险等级标准化值取值可参考表4-4中的数据。

风险等级程度表　　表 4-4

风 险 等 级	风险等级标准化值	风 险 等 级	风险等级标准化值
重大风险	1.0	一般风险	0.3
较大风险	0.7	较小风险	0.0

若无舆情影响，社会影响程度标准化值取0.5；若有舆情影响，社会影响程度标准化值取1.0（表4-5）。

社会影响程度表　　表 4-5

社会影响程度	社会影响程度标准化值
有舆情影响	1.0
无舆情影响	0.5

为了确定X_1、X_2、X_3、X_4的值，采用AHP层次分析法计算权重，步骤如下：

第一步，通过问卷调查（附录二）形式寻找专家打分，共得到44份数据，除去2份异常数据，共得到42份数据，统计结果见附录三。

第二步，根据调查问卷结果，得到各个因素关联标度值。将所得各类标度总数求几何平均值，得到各标度值。再根据B对A的标度值等于A对B的标度值的倒数，可得整个指标判断矩阵，如表4-6所示。

指标判断矩阵 表 4-6

判断矩阵 A	预计整改时间 u_1	整改预算 u_2	中断交通 u_3	风险等级 u_4	社会影响 u_5
预计整改时间 u_1	1	3.11	3.56	3.03	2.8
整改预算 u_2	0.32	1	1.8	1.76	1.54
中断交通 u_3	0.28	0.56	1	1.88	2.4
风险等级 u_4	0.33	0.57	0.53	1	2.6
社会影响 u_5	0.36	0.65	0.42	0.38	1

第三步，根据判定矩阵的特点矢量求出矩阵的权值：利用方根法进行特征矢量的运算，然后再进行判定矩阵的行积运算，如公式（4-1）所示：

$$\overline{w_i}=\sqrt[n]{\prod_{j=1}^{n} ij} \tag{4-1}$$

$$\overline{w_1}=\sqrt[5]{(1\times 3.11\times 3.56\times 3.03\times 2.8)}=2.48$$

$$\overline{w_2}=\sqrt[5]{(0.32\times 1\times 1.8\times 1.76\times 1.54)}=1.09$$

$$\overline{w_3}=\sqrt[5]{(0.28\times 0.56\times 1\times 1.88\times 2.4)}=0.93$$

$$\overline{w_4}=\sqrt[5]{(0.33\times 0.57\times 0.53\times 1\times 2.6)}=0.76$$

$$\overline{w_5}=\sqrt[5]{(0.36\times 0.65\times 0.42\times 0.38\times 1)}=0.52$$

第四步，计算权重，如公式（4-2）所示：

$$\overline{w_i}=\frac{\overline{w_i}}{\sum_{1}^{n}\overline{w_i}} \tag{4-2}$$

$$\overline{w_1}=\frac{\overline{w_1}}{\sum_{1}^{5}\overline{w_1}}=\frac{2.48}{5.78}=0.43$$

$$\overline{w_2}=\frac{\overline{w_1}}{\sum_{1}^{5}\overline{w_1}}=\frac{1.09}{5.78}=0.19$$

$$\bar{w}_3=\frac{\bar{w}_1}{\sum_1^5\bar{w}_1}=\frac{0.93}{5.78}=0.16$$

$$\bar{w}_4=\frac{\bar{w}_1}{\sum_1^5\bar{w}_1}=\frac{0.76}{5.78}=0.13$$

$$\bar{w}_3=\frac{\bar{w}_1}{\sum_1^5\bar{w}_1}=\frac{0.52}{5.78}=0.09$$

第五步，计算判断矩阵的最大特征根，如公式（4-3）所示：

$$\lambda_{\max}=\frac{1}{n}\sum_n^1\frac{[A\cdot W]_i}{w_i} \tag{4-3}$$

$$A\cdot W=\begin{bmatrix}1 & 3.11 & 3.56 & 3.03 & 2.8\\0.32 & 1 & 1.8 & 1.76 & 1.54\\0.28 & 0.56 & 1 & 1.88 & 2.4\\0.33 & 0.57 & 0.53 & 1 & 2.6\\0.36 & 0.65 & 0.42 & 0.38 & 1\end{bmatrix}\times\begin{bmatrix}0.43\\0.19\\0.16\\0.13\\0.09\end{bmatrix}=\begin{bmatrix}2.24\\0.98\\0.85\\0.7\\0.48\end{bmatrix}$$

$$\lambda_{\max}=\frac{1}{n}\sum_n^1\frac{[A\cdot W]_i}{w_i}=\frac{2.24}{5\times0.43}+\frac{0.98}{5\times0.19}+\frac{0.85}{5\times0.16}+\frac{0.7}{5\times0.13}+\frac{0.48}{5\times0.09}=5.27$$

第六步，计算一致性指标，如公式（4-4）所示：

$$CI=\frac{\lambda_{\max}-n}{n-1} \tag{4-4}$$

$$CI=\frac{\lambda_{\max}-3}{3-1}=0.068$$

第七步，计算一致性比率，判断一致性。如公式（4-5）所示，平均随机性一致指标 RI 取值如表4-7所示：

$$CR=\frac{CI}{RI} \tag{4-5}$$

$$CR=\frac{CI}{RI}=\frac{0.068}{1.12}=0.0607<0.10$$

平均一致性随机指标　　表 4-7

矩阵阶数	1	2	3	4	5	6	7	8	9	10
RI	0	0	0.52	0.89	1.12	1.26	1.36	1.41	1.45	1.49

由于一致性比率为0.007<0.10，即上述矩阵满足一致性。因此可以得出试验室项目一

级元素u_1的各相对权重向量：

$$(W_1,W_2,W_3,W_4,W_5)=(0.43,0.19,0.16,0.13,0.09)$$

综上所述，隐患严重指数=预计整改时间标准化值×43%+整改预算标准化值×19%+中断交通程度标准化值×16%+风险等级标准化值×13%+社会影响标准化值×9%。

4.4.4 乙级一般隐患的直接判定标准

发现后能够在7天时间内整改排除的隐患，采用直接判定法判定为一般隐患。

【案例4-1】

冰雪路面，道路结冰，降低路面抗滑性能。

在此案例中，因为可立即采取除冰措施进行整改，能够在7d时间内整改排除。故直接判定为一般隐患。

4.4.5 重大事故隐患、甲级一般事故隐患的综合判定标准

不能在7d时间内整改排除，计算隐患严重指数。当隐患严重指数取值大于等于0.5时，判定为重大事故隐患。当隐患严重指数取值小于0.5时，判定为甲级一般事故隐患。

【假设案例】

经检查发现爬坡车道宽度小于3.50m，存在安全隐患。预计整改时间20d，整改经费预算30万元。需局部中断交通。

在此案例中，预计整改时间20d，而一般隐患标准为“发现后能够在7d时间内整改排除的隐患”，因此不属于一般隐患。据此，该案例需要通过综合判定法进行判断。

第一步，计算预计整改时间标准化值。

预计整改时间标准化值=20÷90≈0.22。

第二步，计算整改预算标准化值。

整改预算标准化值=30÷500=0.06。

第三步，计算中断交通程度标准化值。根据“若需要中断一半道路的交通，中断交通程度标准化值取0.5”的规定，中断交通程度标准化值为0.5。

第四步，计算风险等级标准化值。查阅“风险库”，“爬坡车道宽度小于3.50m”属于一般风险（即二级风险），因此风险等级标准化值取0.3。

第五步，计算社会影响标准化值。该隐患未造成社会舆论影响，因此社会影响程度标准化值取0.5。

第六步，计算隐患严重指数。

隐患严重指数=预计整改时间标准化值×43%+整改预算标准化值×19%+中断交通程度标准化值×16%+风险等级标准化值×13%+社会影响标准化值×9%=0.22×43%+0.06×19%+0.5×16%+0.3×13%+0.5×9%=0.27

综上所述，该案例的隐患严重指数为0.27，小于0.5。故判定为甲级一般事故隐患。

第5章
高寒高落差山区高速公路运营隐患排查治理工作机制建设实践

本章主要介绍高速公路运营企业如何开展生产安全风险分级防控和隐患排查治理双重预防机制建设工作的情况，针对高速公路运营管理全过程情况，制订出高寒高落差山区高速公路运营企业的隐患排查机制，为高速公路运营企业开展风险分级防控积累了一些可复制、可操作、可推广的经验，提升高寒高落差山区高速公路隐患排查治理水平，降低了安全事故发生概率，减少了交通事故数量，从而保障高速公路运营安全、行车环境顺畅。

5.1 高寒高落差山区高速公路运营企业的隐患排查机制设计

与其他高速公路相比，高寒高落差山区高速公路桥隧比大、长下坡多，地质灾害频发，多有大雾、雪灾、暗冰等气象灾害，隐患排查治理的难度较大。为了对高速公路运营企业查处的隐患进行彻底整改，根据《中华人民共和国安全生产法》《安全生产事故隐患排查治理暂行规定》《公路水路行业安全生产隐患治理暂行办法》，结合企业实际，设计了高速公路运营企业的隐患排查机制，以防止和减少交通事故的发生，保障高速公路企业运营有序可控。

高寒高落差山区高速公路运营企业的隐患排查机制设计应遵循PDCA循环的管理方法（图5-1）。PDCA循环是美国质量管理专家沃特·阿曼德·休哈特（Walter A. Shewhart）首先提出的，由戴明采纳、宣传，获得普及，所以又称戴明环。全面质量管理的思想基础和方法依据就是PDCA循环。PDCA循环的含义是将质量管理分为四个阶段，即Plan（计划）、Do（执行）、Check（检查）和Act（处理）。在质量管理活动中，要求把各项工作按照作出计划、计划实施、检查实施效果，然后将成功的纳入标准，不成功的留待下一循环去解决。

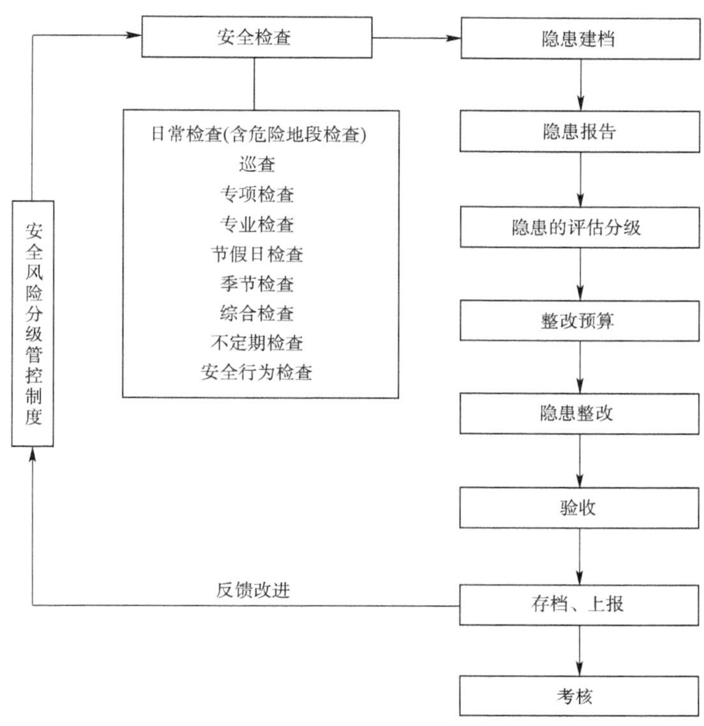

图5-1　高寒高落差山区高速公路运营企业隐患排查机制设计

5.1.1　隐患排查治理的管理与职责

（1）三管三必须。按照三个必须（管业务必须管安全、管行业必须管安全、管生产经营必须管安全）的要求，建立健全安全生产工作协调机制，及时协调、解决安全生产管理中存在的重大问题。

（2）党政同责。实行党政同管、同抓、同责，无论是党委还是行政，在生产安全的管理方面都同样承担职责。领导班子成员按照责任分工分别承担相应的安全生产工作职责，年初层层签订责任书，并纳入党委中心工作，年底进行考核。

（3）一岗双责。“一岗”就是一个领导干部的职务所对应的岗位；“双责”就是主要负责人是安全生产的第一责任人，其他负责人都要根据分管的业务，对安全生产工作承担一定职责，负担一定的责任。

国有企业各级行政管理人员在做好行政管理工作、履行行政工作职责的同时还要承担起做好职工思想政治工作的责任。

（4）横向到边和纵向到底。“横向到边”是指在目标的横向分解中，每一个相关的职能部门都要相应地设立自己的目标，而不能出现“盲区”和“失控点”。“纵向到底”

是指从目标开始，一级一级从上向下，从组织目标到次级组织目标，再到更次一级的组织目标，最后到个人目标。

（5）重大隐患治理“五到位”。“五到位”是指整改措施、责任、资金、时限和预案“五到位”。企业是安全生产责任主体，要对事故隐患整改工作负全面责任，严格落实企业安全生产主体责任。

5.1.2 隐患排查的形式

公司隐患排查分为日常检查、巡查、专业检查、节假日检查、综合检查等形式，由组织单位制订排查方案和计划，并根据方案计划制订相应的隐患排查表，严格按照方案计划和排查表落实排查工作。排查形式和内容大致如下：

（1）日常检查、巡查和专项、专业检查。首先，企业应组织全体员工每日开展自查，部门及班组开展班前班中班后检查。第二，由公司组织部门及管理处，采用统一检查、分区交叉检查等方式进行，并可包含特种设备、防汛防地质灾害、消防、人员资格、安全设施设备等专项和专业性检查。

（2）节假日检查。每年春节、劳动节、国庆节等重大节假日或特殊时期，主要针对安全运营计划、道路运营状况、值班安排、留守人员安排、车辆管理等方面进行检查。

（3）季节检查。根据季节特点，为保障安全生产的特殊要求进行检查，包括冬季的防火、防寒防冻、防冰雪；夏季的防护度汛、防地质灾害、防高温盛暑检查等。其中每年防洪度汛期间，主要针对汛期安全运营计划、值班安排、防洪防汛、防地质灾害、抢险救灾、安全应急救援预案的制订及演练情况、防汛物资准备等方面进行检查；每年冬季，主要针对冬季安全运营计划、值班安排、预防冰雪大风大雾、抢险救灾、安全应急救援预案的制订及演练情况、办公生活区域用水用电及消防设施设备管理等方面进行检查。

（4）综合检查。公司每季度组织一次定期的安全大检查，由公司安全生产委员会指派公司有关部门及成员参加，主要针对安全生产管理制度的落实、专项安全费用管理、养护现场安全防护、安全教育培训、安全生产档案管理等情况进行检查。

（5）不定期检查。根据运营工作实际情况（如专项安全生产活动要求等）开展不定期安全检查，对养护工程、特殊部位等进行检查。

（6）事故类比检查。相似或相关行业发生重特大事故后，应及时组织开展类比检查，防止同类事故发生。

5.1.3 隐患治理的流程

隐患治理的流程对应图5-1中的“隐患建档”“隐患报告”“隐患的评估分级”“整

改预算”“隐患整改”“验收”“存档、上报”“考核”。

（1）隐患建档和隐患报告。员工自查、部门及班组日常检查，公司组织对全线进行的综合性安全检查或专项安全生产检查（隐患排查），发现的事故隐患要及时在线填报隐患台账，并进行整改。

（2）隐患的评估分级。分一般事故隐患和重大事故隐患。一般事故隐患治理由管理处或有关人员立即组织整改。重大事故隐患治理由具体公司主要负责人组织制订并实施事故隐患治理方案。治理方案应包括：治理的目标和任务，采取的方法和措施，经费和物资的落实，负责治理的机构和人员，治理的时限和要求，安全措施和应急预案。

（3）隐患整改预算。整改费用实行实报实销的原则，事故隐患排查治理所需资金由整改方给出资金预算或者招标单位给出费用预算，经公司领导审批后由财务支付事故隐患排查治理所需资金。

（4）隐患整改。隐患整改过程要在线填写相关信息。对一般事故隐患要做到立即整改，时间不超过7d；对重大事故隐患，应报公司安全生产委员会办公室登记，确认后实行重点督办，限期整改。对一时整改不了的隐患，要列出时间限期整改，并形成应急预案；对逾期未整改或整改不合格的隐患，要采取处罚措施并进行通报；切实做到“四不放过”，即：责任不落实不放过，工作整改不到位不放过，隐患不消除不放过，没有隐患整改报告不放过。

（5）验收。事故隐患整改后，由公司隐患排查负责方或牵头组织各部门、收费站等有关人员进行验收，验收合格后，隐患销号资料存档。验收完成后需在线填写相关信息。

（6）存档、上报。安全生产检查和隐患排查实行月度统计、年度分析管理，路安部每月收集公司隐患排查和治理情况，每年底对公司工作开展情况和安全形势进行评估和汇报，并作为次年安全生产检查和隐患排查工作方案、计划的起草的参考依据。

（7）考核。安全检查和隐患整改情况列入当年考核内容。公司实行隐患排查治理责任追究制度，对因排查不深入、不细致或对排查出的事故隐患整改措施不到位、责任不落实致使事故隐患长期得不到整改引发安全事故的，将严肃追究相关负责人的责任。

5.2　高寒高落差山区高速公路运营企业的隐患排查治理体制设计

为了建立高寒高落差山区高速公路运营企业的安全生产事故隐患排查治理长效体

制，消除生产过程中的事故隐患，防止和减少安全生产事故，根据《中华人民共和国安全生产法》《安全生产事故隐患排查治理暂行规定》《公路水路行业安全生产隐患治理暂行办法》，结合企业实际，制订高寒高落差山区高速公路运营企业的隐患排查治理体制，建立的根本目标是通过科学有效的管理活动，确保高速公路能高效安全运营。

以四川雅康高速公路有限责任公司为例，高寒高落差山区高速公路运营企业隐患排查治理体制设计如图5-2所示。其主要机构层级为：第一级，公司安全生产委员会；第二级，安全环保与路产管护部；第三级，各管理处；第四级，各科室。

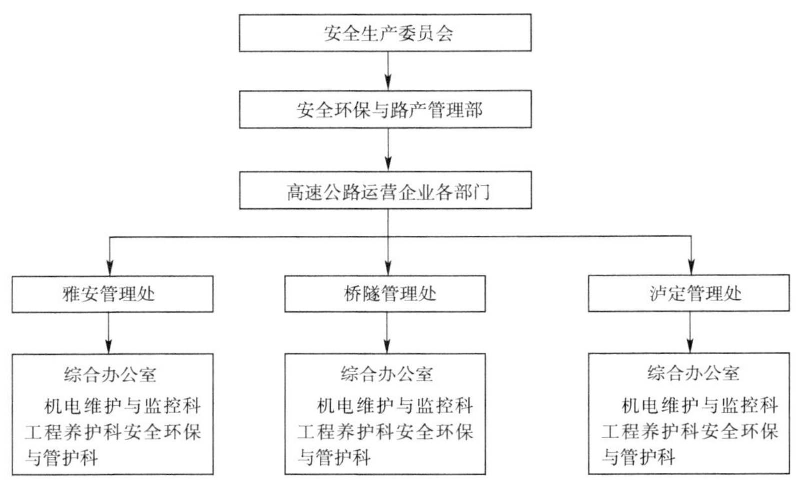

图5-2　四川雅康高速公路有限责任公司隐患排查治理体制设计

注：1. 安全环保与路产管护科受管理处、安全环保部双重领导。
2. 隐患排查由各部门全员参与，安全环保与路产管护科总体负责，并对各部门检查监督。

公司的安全生产隐患排查治理工作在公司安全生产委员会的领导下，由单位安全生产办公室负责统一组织实施，各部门、管理处、收费站（队）等基层单位的负责人为所管辖工作范围内安全生产事故隐患的责任人，按照“谁主管、谁负责”的原则，组织对管辖区域的安全生产隐患排查治理工作进行实施与监督管理。

（1）公司安全生产委员会为安全生产检查和隐患整改的组织领导机构，负责安排组织每季度、年度、节前安全大检查，公司安全生产委员会成员为公司领导班子全体成员、部门负责人及安全部门相关联络人员（根据工作需要，可将单位相关部门人员列为检查小组成员）。

（2）各管理处、部门负责组织内部安全生产检查和隐患排查，并落实单位检查的整改意见。

（3）安全隐患整改费用列入安全生产经费，财务部负责隐患整改费用的计提支付和审计。

5.3　高寒高落差山区高速公路运营企业隐患排查治理台账

针对高寒高落差山区高速公路运营全过程现场实际情况，制订高寒高落差山区高速公路运营企业隐患排查治理台账，为企业开展隐患排查治理探索出一些可复制、可操作、可推广的经验。高速公路运营企业隐患排查治理台账包括三部分内容：高寒高落差山区高速公路运营企业隐患排查台账、高寒高落差山区高速公路运营企业整改情况台账、高寒高落差山区高速公路运营企业隐患整改验收台账。具体内容示例见表5-1~表5-3。

高速公路运营企业应按照说明准确填写相关内容，有利于高速公路运营企业彻底整改查处隐患，遏制新的安全隐患的产生，提高企业安全生产监督管理水平。

高寒高落差山区高速公路运营企业隐患排查台账

表 5-1

排查因素	隐患点编号（项目+编号）	方向	所属管理处	桩号	位置描述	隐患地点（部位）	隐患事件（隐患描述）	是否引起舆情	能否 7d 内完成整改	隐患等级	可能造成的危害	原因分析	整改要求	隐患现场照片	排查时间	排查人	排查人电话
说明	现场检查人员负责填写	现场检查人员负责填写	现场检查人员负责填写	现场检查人员负责填写	现场检查人员负责填写	现场检查人员负责填写	现场检查人员负责填写	现场检查人员负责填写	站和队负责填写	本方案将事故隐患分为重大事故隐患、一般事故隐患两级。一般事故隐患分为甲级一般事故隐患、乙级一般事故隐患。 （1）能够在 7d 时间内整改排除的隐患，判定为乙级一般隐患； （2）符合重大事故隐患的直接判定标准，判定为重大事故隐患； （3）不能够在 7d 时间内整改排除，且隐患严重指数大于或等于 0.5 时，判定为重大事故隐患； （4）不能够在 7d 时间内整改排除，且隐患严重指数取值小于 0.5 时，判定为甲级一般事故隐患	现场检查人员负责填写	现场检查人员负责填写	现场检查人员负责填写	现场检查人员负责填写	现场检查人员负责填写	现场检查人员负责填写	现场检查人员负责填写

高寒高落差山区高速公路运营企业隐患整改情况台账

表 5-2

整改措施	整改后现场照片	整改责任部门	责　任　人	资金预算	是否符合重大事故隐患的直接判定标准	中断交通程度	风险等级	预计整改时间
责任人要立即组织有关人员制订整改方案、落实整改措施	责任人	（1）重大事故隐患由公司安全环保与路产管护部监督，管理处安全环保与路产管护科管理，并立即上报上级公司、相关监管部门； （2）甲级一般事故隐患由管理处安全环保与路产管护科管理； （3）乙级一般事故隐患由站和队管理	（1）重大事故隐患由管理处和公司安全环保与路产管护部共同指定责任人； （2）甲级一般事故隐患由管理处安全环保与路产管护科指定责任人； （3）乙级一般事故隐患由站和队指定责任人	安全环保与路产管护科负责填写，经公司领导审批后，由公司资金财务部支付、审计事故隐患排查治理所需资金	安全环保与路产管护科负责填写	分为“不中断交通”“中断一半道路的交通”“完全中断交通”。安全环保与路产管护科负责填写	安全环保与路产管护科负责填写	安全环保与路产管护科负责填写

高寒高落差山区高速公路运营企业隐患整改验收台账

表 5-3

整改完成时间	实际整改费用	验收时间	验收情况	验收部门	验　收　人
责任人填写	责任人填写	责任人填写	验收人填写	（1）重大事故隐患由管理处验收，公司安全环保与路产管护部监督； （2）甲级一般事故隐患由管理处安全环保与路产管护科验收人； （3）乙级一般事故隐患由站和队验收	（1）重大事故隐患由管理处与公司安全环保与路产管护部共同指定验收人； （2）甲级一般事故隐患由管理处安全环保与路产管护科指定验收人； （3）乙级一般事故隐患由站和队指定验收人

附录 1
高寒高落差山区高速公路运营安全风险库

路基风险辨识评估分级清单

附表 1-1

序号	风险点	风险事件（事故类型）	致险因素	风险等级	控制措施	引用的标准 / 规范
1	路肩	坍塌 车辆伤害 物体打击	1. 公路路肩未保持平整、坚实，横坡不顺，排水不畅。 2. 土路肩或草皮路肩的横坡未略大于路面横坡，硬路肩与路面不同坡	较大	1. 通过日常巡查，发现病害及时处置，保持良好稳定的技术状况。 2. 路肩无病害，边坡稳定	《公路路基养护技术规范》（JTG 5150—2020）第 3.2.1 条
2	路基边坡	坍塌 车辆伤害 物体打击 高处坠落	1. 路基坡面防护裂缝或破损或因雨水冲刷等造成稳固性破坏。 2. 挖方段土质路堑边坡，受地表水以及外力作用影响，导致土质松软，稳定性破坏。 3. 挖方段岩质边坡，受降水、风化、冻融等影响，边坡存在落石、发生泥石流；高速公路红线用地范围内，边坡由于雨水冲刷等造成稳固性破坏；高速公路红线用地范围外，人为扰动原土或雨水冲刷等导致边坡高处出现危岩。 4. 路基保护范围内开挖或动土，导致挖方段砌体防护边坡出现鼓包。 5. 渗水滑坡；遇暴雨天气滑坡的概率增大。 6. 有滚石滑落。 7. 边坡上有倾斜的树，遇大风，暴雪天气易折断影响主线行车安全	重大	1. 路基坡面应保持稳固性。 2. 大粒径石料应不松动。 3. 边坡码砌紧贴、密实无松动，砌块间承接面向内倾斜，坡面平顺。 4. 路基保护范围内开挖或动土不应出现鼓包。 5. 防止渗水滑坡。 6. 上边坡不得有危石。 7. 及时处理，边坡上倾斜的树，避免大风、暴雪天气折断影响主线行车安全	1.《公路路基养护技术规范》（JTG 5150—2020）第 3.2.3 条。 2.《公路路基养护技术规范》（JTG 5150—2020）第 4.2.4 条。 3.《公路路基养护技术规范》（JTG 5150—2020）第 8.1.2 条

续上表

序号	风险点	风险事件（事故类型）	致险因素	风险等级	控制措施	引用的标准/规范
3	路基防护与支挡	坍塌 车辆伤害 物体打击 高处坠落	1. 防护及支挡结构表面破损（勾缝或沉降缝损坏、表面破损、钢筋外露和锈蚀等现象）。 2. 存在落石风险的路段未设置注意落石警告标志	较大	1. 对路基防护与支挡应加强检查，发现病害应查明原因，并观察其发展趋势，采取相应的修复、加固等措施，损坏严重时，可考虑全部或部分拆除重建。 2. 对存在重大病害隐患的路基，应加强监测，及时预警，并增设相应的交通安全警示标志	1.《公路路基设计规范》（JTG D30—2015）第5.1条。 2.《公路路基养护技术规范》（JTG 5150—2020）第8.1.2条
4	路基翻浆与沉陷处治	车辆伤害	1. 路面隆起、变形、春融或多雨地区的路基在行车荷载作用下造成路面变形、破裂、冒浆等。 2. 路基出现大于4cm的差异沉降，或大于5cm的局部沉陷	较大	做好路基排水，提高路基，铺设隔离层，设置路肩盲沟或渗沟，更换土体，改善路面结构	《公路路基养护技术规范》（JTG 5150—2020）第4.2.3条
5	排水设施	淹溺 车辆伤害	1. 不良地质路段、土质松软路段、透水性大或岩石裂隙多地段的截水沟沟底、沟壁、出水口未进行防渗及加固处理。 2. 排水沟线形不平顺，转弯处不为弧线形。 3. 边沟、排水沟、截水沟等地表排水设施迎水侧高出地表，局部有凹坑时未填平。 4. 排水沟的出水口，未设置跌水或急流槽，水流没有引出路基或引入排水系统	较大	1. 排水沟纵坡顺适，曲线线形圆滑。沟壁平整、稳定，无贴坡。各类防渗、加固设施坚实稳固。 2. 沟底平整，排水畅通，无冲刷和阻水现象。 3. 浆砌片石工程缝宽均衡协调；砌体咬合紧密；抹面平整、压光、顺直，无裂缝、空鼓。水泥混凝土砌块的强度满足设计要求，砌体平整，勾缝整齐牢固。 4. 排水沟的出水口，应设置跌水或急流槽，水流引出路基或引入排水系统	1.《公路路基养护技术规范》（JTG 5150—2020）第10.3.4条。 2.《公路路基设计规范》（JTG D30—2015）第4.2.7条。 3.《公路路基设计规范》（JTG D30—2015）第4.2.6条。 4.《公路路基养护技术规范》（JTG 5150—2020）第10.2.6条
6	建筑限界	车辆伤害	1. 建筑限界内出现其他建（构）筑物，如广告牌、输电线等非公路建（构）筑物倾倒，进入行车区域。 2. 建筑限界内出现其他建（构）筑物，遮挡视距。 3. 建筑限界内出现其他建（构）筑物侵占了高速公路的管线检修通道，致使无法正常维修养护，影响公路正常通行	一般	1. 建筑限界内不应出现其他建（构）筑物，如广告牌、输电线等非公路建（构）筑物倾倒。 2. 建筑限界内不应出现其他建（构）筑物，不应遮挡驾驶员视距。 3. 建筑限界内出现其他建（构）筑物不能侵占高速公路的管线检修通道，公路可正常通行	《公路路线设计规范》（JTG D20—2017）第6.6.1、6.6.2条

续上表

序号	风险点	风险事件（事故类型）	致险因素	风险等级	控制措施	引用的标准/规范
7	路侧净区	车辆伤害	1. 路侧实际净区宽度不足，曲线段净区宽度未加宽。 2. 路侧实际净区宽度不足，填方边坡较陡，车辆驶出道路	较大	1. 净区宽度不足时，可设置相应等级的护栏、增加警示标志。 2. 净区宽度不足时，可设置相应等级的护栏、增加警示标志	《公路项目安全性评价指南》（JTG/T B05—2018）第 4.3.1 条

路面风险辨识评估分级清单

附表 1-2

序号	风险点	风险事件（事故类型）	致险因素	风险等级	控制措施	引用的标准/规范
1	路面结构	坍塌 车辆伤害	1. 路面有杂物、积雪、积冰等。 2. 路面出现轻度水坑损坏，如坑槽、唧浆等。 3. 路面出现交叉裂缝或破碎板，板底出现脱空。 4. 路面有遗洒物，导致降低路面平整度，严重时形成障碍，影响正常行车。 5. 车辆违规停靠在紧急停车带，导致故障车辆无法停靠。 6. 周边社会人员、牲畜进入高速路段，影响车辆的行驶路径，分散驾驶人的注意力	较大	1. 经常清扫路面，及时清除杂物、清理积雪积冰，保持路面整洁，做好路面排水。 2. 加强路况巡查，发现病害，及时进行维修、处治。 3. 加强路况巡查，发现遗洒物，及时进行处理。 4. 及时处理违规停靠车辆。 5. 及时驱散进入高速路段的周边社会人员、牲畜	1.《公路沥青路面养护技术规范》（JTG 5142—2019）第 3.2.2 条。 2.《公路沥青路面养护技术规范》（JTG 5142—2019）第 3.3.5 条。 3.《公路沥青路面养护技术规范》（JTG 5142—2019）第 5.2.3 条
2	排水系统	淹溺 车辆伤害	1. 路面排水不畅或积水。 2. 道路结冰，降低路面抗滑性能	较大	1. 排水沟沟壁平整、稳定，无贴坡。沟底平整，排水畅通，无冲刷和阻水现象。 2. 冰雪路面，道路结冰应尽快除冰，防止路面抗滑性能降低	1.《公路沥青路面养护技术规范》（JTG 5142—2019）第 5.3.3 条。 2.《公路沥青路面养护技术规范》（JTG 5142—2019）第 5.3.4 条

桥梁涵洞风险辨识评估分级清单

附表 1-3

序号	风险点	风险事件（事故类型）	致险因素	风险等级	控制措施	引用的标准/规范
1	翼墙、耳墙	车辆伤害 坍塌 物体打击	翼墙（耳墙）出现下沉、断裂或其他损坏	一般	翼墙（耳墙）出现下沉、断裂或其他损坏时，应及时维修加固	《公路桥涵养护规范》（JTG 5120—2021）第 7.3.1 条
2	锥坡、护坡	车辆伤害 坍塌 物体打击	锥坡开裂、沉陷、冲空；护坡是否完整	一般	锥坡应保持良好。锥坡开裂、沉陷、冲空或护坡缺损时，应及时采取措施进行维修加固	《公路桥涵养护规范》（JTG 5120—2021）第 7.2.1 条

续上表

序号	风险点	风险事件（事故类型）	致险因素	风险等级	控制措施	引用的标准/规范
3	桥台	车辆伤害 坍塌	1. 大范围混凝土剥落。 2. 存在空洞、孔洞。 3. 出现磨损，个别部位表面磨耗，粗集料显露。 4. 砌体局部出现灰缝脱落现象，或砌体局部出现破损、剥落等现象。 5. 台背路面沉降，有跳车现象。 6. 台背填土排水不畅，填土出现膨胀或冻胀现象，造成挤压隆起，变形发展较快。 7. 桥台不稳定，出现严重滑动、下沉、位移、倾斜、冻拔等，造成结构和桥面变形过大，变形大于规范值或不能正常行车	较大	1. 定期对桥台进行维护保养。 2. 定期对桥台稳定性进行检测，发现问题及时处理。 3. 防止路面沉降。 4. 保持台背填土排水通畅。 5. 定期对桥台稳定性进行检测，发现变形问题及时处理	《公路桥梁技术状况评定标准》（JTG/T H21—2011）第 9.2.1 条
4	桥墩	坍塌	1. 墩台基础附近河床不稳定，被冲刷或基底局部掏空。 2. 墩台顶面脏乱，有杂物堆积，伸缩缝处漏水。 3. 桥墩因来往车辆撞击、堆积物造成失稳	重大	1. 对混凝土墩身、台身、盖梁、台帽及系梁开裂、蜂窝、麻面、剥落、露筋、空洞、孔洞、钢筋锈蚀，以及圬工砌体墩身、台身砌块破损、剥落、松动、变形、灰缝脱落，砌体泄水孔堵塞等情况，判断病害原因及影响范围，进行技术状况评定，提出养护建议。 2. 清洁墩台顶面，清除杂物修复漏水伸缩缝处。 3. 在桥墩位置设置防撞墩并标识警示色；定期对桥下空间进行检查，发现桥下出现堆积物时，及时协调路政对堆积物进行处理	《公路桥涵养护规范》（JTG 5120—2021）第 3.5.11 条
5	基础	坍塌	1. 基础有冲蚀现象，外露，露出基底。 2. 承台出现剥落、露筋、锈蚀现象，或基础混凝土剥落。 3. 基础或承台有磨损、腐蚀现象，个别部位表面磨耗，粗集料显露。 4. 河底铺砌冲刷或损坏，出现下沉。 5. 出现滑移或倾斜，导致支座和墩台支承面损坏，或导致伸缩装置破坏、接缝减小、伸缩机能受损。 6. 结构应力异常，出现剪切裂缝或混凝土出现碎裂	重大	1. 桩基础存在颈缩、露筋、钢筋锈蚀等缺陷时，必须及时维修加固。 2. 出现超过允许值的沉降应及时维修加固，桥下河床铺砌出现局部损坏时，应及时维修。 3. 基础病害致使墩台滑移、倾斜，应及时维修加固。 4. 基础冲刷过深或基底局部淘空时，应及时采取必要的防护措施。基础出现大的缺损，使其承载力不足，应及时维修加固	《公路桥涵养护规范》（JTG 5120—2021）第 4.9.1 条

续上表

序号	风险点	风险事件（事故类型）	致险因素	风险等级	控制措施	引用的标准／规范
6	地基冲刷	坍塌	1. 地基有无侵蚀。 2. 水位涨落、干湿交替变化处基础有无冲刷磨损、颈缩、露筋，有无开裂，是否受到腐蚀	较大	基础冲刷过深或基底局部淘空时，应及时采取必要的防护措施	《公路桥涵养护规范》（JTG 5120—2021）第 3.5.11 条
7	支座	车辆伤害	1. 支座老化、生锈，不能有效削减桥梁构件振动，橡胶保护层开裂、偏压、剪切变形过大、橡胶保护层开裂、偏压、剪切变形过大。 2. 支座脱空，严重影响桥梁结构安全，影响行车安全滑板支座、盆式支座的防尘罩损坏，雨、雪渗入支座内，影响桥梁结构安全，影响行车安全	一般	1. 滚动支座的滚动面应定期涂润滑油（一般每年一次）。对钢支座应定期进行除锈防腐。除铰轴和滚动面外，其余部分均应涂刷防锈油漆 。及时拧紧钢支座各部接合螺栓，使支承垫板平整、牢固。应防止橡胶支座接触油污引起老化、变质。 2. 应及时维护滑板支座、盆式橡胶支座的防尘罩，防止尘埃落入或雨、雪渗入支座内。支座如有缺陷或产生故障不能正常工作时，应及时修整或更换。应防止支座脱空	《公路桥涵养护规范》（JTG 5120—2021）第 4.10.1 条
8	上部结构异常变形	坍塌 车辆伤害	1. 未设置限制轴重、质量标志，导致过车异响、橡胶密封条破损、滑动支撑磨损；重车超载。 2. 涂层破损，涂层轻度劣化或出现局部涂层破损。 3. 构件表面缺损，导致表面存在开裂、蜂窝、空洞、破损等。 4. 构件锈蚀，导致钢筋锈蚀、裸露。 5. 构件内部缺损，如内部存在空洞、钢筋保护层厚度不足、预应力管道灌浆不饱满等内部缺损。 6. 重车超载	重大	1. 限制轴重、载重标志禁止重车超载。 2. 防止钢构件涂层破损。 3. 梁（板）开裂时，应视裂缝性质和影响程度，及时采取相应处治措施。梁（板）存在表观缺陷时，应予维修。 箱梁或空心板内应保持干燥、无积水。 4. 出现开裂、开焊、破损等病害时，应及时修复。 5. 出现内部缺损等病害时，应及时修复。 6. 禁止重车超载	《公路桥涵养护规范》（JTG 5120—2021）第 3.5.5 条

续上表

序号	风险点	风险事件（事故类型）	致险因素	风险等级	控制措施	引用的标准/规范
9	桥与路连接	车辆伤害	桥路连接处异常	一般	日常巡查桥路连接处是否异常，及时处理	《公路桥涵养护规范》（JTG 5120—2021）第3.3.3条
10	伸缩缝	车辆伤害	1. 伸缩缝内存在沉积物，桥梁排水不畅或积水。 2. 伸缩缝发生松动、翘裂、破损、老化或功能失效，造成跳车。 3. 伸缩缝与桥面连接不顺适，影响桥面平整度	一般	1. 应及时清除缝内沉积物，拧紧螺栓等。 2. 伸缩缝发生松动、翘裂，破损、老化或功能失效，应及时修理、更换。 3. 伸缩装置应平整、直顺、无漏水，处于良好的工作状态	《公路桥涵养护规范》（JTG 5120—2021）第4.2.5条
11	桥面铺装	车辆伤害 物体打击	1. 桥面铺装不洁净或存在病害，如桥面不干净，未及时清除冰凌、积雪等，降低桥面的平整度和抗滑性。 2. 桥面出现病害。 3. 桥面防水层损坏	一般	1. 桥面应及时清扫，排除积水，清除泥土、杂物、冰凌和积雪。 2. 桥面出现病害，应及时处治。当损坏面积较小时，可局部修补；损坏面积较大时，有条件的可将整跨铺装层凿除，重铺新的铺装层。一般不应在原桥面上直接加铺，以免增加桥梁恒载。 3. 桥面防水层如有损坏，应及时修复	1.《公路桥涵养护规范》（JTG 5120—2021）第3.5.4条。 2.《公路桥涵养护规范》（JTG 5120—2021）第4.2.1条
12	护栏	车辆伤害 物体打击	1. 钢质护栏、防撞护栏等栏杆缺损、栏杆锈蚀。 2. 钢质护栏、防撞护栏等栏杆使用年限久或受其他因素等影响导致强度防撞不足。 3. 护栏、防撞墙与路基护栏过渡不合理，过渡段防撞能力不足，立面标记、示警标志脱落	较大	1. 钢护栏及钢筋混凝土护栏上的外露钢构件应根据环境条件定期涂装。 2. 栏杆、护栏各构件等应牢固并保持完好状态，有损坏时应及时维修或 更换。 3. 栏杆、护栏各构件等应牢固并保持完好状态，有损坏时应及时维修或更换。桥梁两端的栏杆柱，涂有立面标记或警示标志的，应保持标记、标志鲜明	《公路桥涵养护规范》（JTG 5120—2021）第4.2.3条

续上表

序号	风险点	风险事件（事故类型）	致险因素	风险等级	控制措施	引用的标准/规范
13	标志、标线	车辆伤害	1. 疏散指导标志的设置位置不满足要求、设置位置错误、损坏或逆反射性能欠佳等问题，存在视认性欠佳或标志信息不足的情况，如缺少距离标识等。 2. 交通标线缺损	一般	1. 桥梁交通标志、标线和安全设施应齐全、醒目、牢固，标志板应整洁、完好，信息完整，有缺失损坏时应及时补充维修更换。 2. 交通标线应经常保持完好、清晰，宜定期重涂	《公路桥涵养护规范》（JTG 5120—2021）第4.2.7条
14	排水设施	淹溺 车辆伤害	1. 排水设施破损、沟管堵塞，积水漫流。 2. 结冰。 3. 隧道路面或洞壁渗水	一般	1. 桥梁的敞开式或封闭排水设施（排水管、泄水管、排水槽）应及时疏通，损坏的应及时更换，缺少的应补充。 2. 桥梁的敞开式或封闭排水设施（排水管、泄水管、排水槽）应及时疏通，损坏的应及时更换，缺少的应补充。 3. 桥梁的敞开式或封闭排水设施（排水管、泄水管、排水槽）应及时疏通，损坏的应及时更换，缺少的应补充	《公路桥涵养护规范》（JTG 5120—2021）第4.2.2条
15	桥面清洁	车辆伤害	1. 桥面未清扫，排除积水，清除泥土、杂物、积雪和冰凌等，没有保持桥面平整、清洁。 2. 桥面出现泛油、拥包、裂缝、波浪、坑槽、车辙等病害。 3. 桥面出现断缝、拱胀、错台、起皮、露骨等病害时，应及时处理	较小	1. 保持路面整洁，及时清除淤泥、砂等杂物。及时清除混合式过水路面涵洞内的淤塞，保持排水通畅。 2. 及时修复砌石松动、圬工砌体损失等病害。水泥混凝土或砌块路面出现的病害按现行《公路沥青路面养护技术规范》（JTG 5142）相关要求修复。 3. 及时修复病害。按《公路沥青路面养护技术规范》（JTG 5142）相关要求修复	《公路桥涵养护规范》（JTG 5120—2021）第4.2.1条

续上表

序号	风险点	风险事件（事故类型）	致险因素	风险等级	控制措施	引用的标准/规范
16	涵洞进水口	淹溺	洞门有渗水、漏水或结冰，妨碍交通安全	较小	进水口如有裂隙，及时填塞；若冲刷、掏空并引起结构变形开裂，重新填实或压注水泥浆或化学浆液；也可以依据材料类型及损伤情况，参照相同材料的桥梁结构进行维修。	《公路桥涵养护规范》（JTG 5120—2021）第7.3.1条
17	涵洞出水口	淹溺	涵洞排水不畅或淤积	一般	出水口如有裂隙，及时填塞；若冲刷、掏空并引起结构变形开裂，重新填实或压注水泥浆或化学浆液；也可以依据材料类型及损伤情况，参照相同材料的桥梁结构进行维修	《公路桥涵养护规范》（JTG 5120—2021）第7.2.1条
18	涵身两侧	火灾、车辆伤害坍塌	1. 涵体侧墙或台身是否渗漏水、开裂、变形或倾斜。 2. 墙身砌缝砂浆是否脱落，砌块是否松动，基础是否冲刷淘空	一般	1. 挖开填土，用混凝土或钢筋混凝土加大原涵洞断面。 2. 涵内用混凝土或钢筋混凝土衬砌进行加固。挖开填土，用新构件分段进行更换改建	《公路桥涵养护规范》（JTG 5120—2021）第7.2.2条
19	涵身顶部	车辆伤害坍塌	1. 吊顶破损，漏水严重。 2. 涵身顶部的盖板、顶板或拱顶是否开裂、漏水、变形下挠，砌缝砂浆是否脱落，砌块是否松动、脱落。 3. 过车涵洞未设置限高、限速警示标志及限高设施等	一般	1. 用混凝土或钢筋混凝土修复破损。 2. 涵内用混凝土或钢筋混凝土衬砌进行加固。挖开填土，用新构件分段进行更换改建。 3. 过车涵洞根据相关标准设置限高、限速警示标志及限高设施等	1.《公路桥涵养护规范》（JTG 5120—2021）第7.2.2条。 2.《公路工程技术标准》（JTG B01—2014）第3.6.1条
20	涵底铺砌	车辆伤害淹溺	涵底淤塞阻水，涵底铺砌开裂、沉降、隆起或缺损	一般	涵底铺砌、洞口上下游路基护坡、引水沟、汇水槽、沉沙井等发生变形或出现破损时，应及时修理或封塞填平	《公路桥涵养护规范》（JTG 5120—2021）第7.3.2条
21	涵洞附近填土	车辆伤害坍塌	高填土涵洞的路基填土不稳定	一般	定期检查洞口附近填土是否有渗水、冲刷、空洞，填土是否稳定。提出日常养护、维修、加固、改建等建议	《公路桥涵养护规范》（JTG 5120—2021）第7.2.1条

附表 1-4

隧道风险辨识评估分级清单

序号	风险点	风险事件（事故类型）	致险因素	风险等级	控制措施	引用的标准 / 规范
1	洞口截排水沟	坍塌 坍塌车辆伤害	排水沟内有堆积物	较小	及时清除堆积物，保持洞口边沟和边仰坡上截（排）水沟的完好、畅通	《公路隧道养护技术规范》（JTG H12—2015）第 4.6.3 条
2	洞门结构	坍塌、 车辆伤害	1. 拱部及其附近部位出现开裂、倾斜、沉陷、错台、起层、剥落等病害。 2. 洞门有渗水、漏水或结冰，妨碍交通安全	一般	1. 洞门结构应能防止洞口边仰坡的碎落、滚石、坍塌物等掉落至路面。 2. 易产生积雪的洞口，宜考虑防止积雪危害的措施；保持洞门（排）水沟的完好、畅通	《公路隧道养护技术规范》（JTG H12—2015）第 4.2.1 条
3	衬砌结构	坍塌、 车辆伤害	1. 衬砌表面出现环向和纵斜向裂缝、表面网状开裂等衬砌表面出现浸渗、漏水、挂冰或冰柱等现象。 2. 混凝土腐蚀、衬砌表面涂装层掉块或脱落、钢筋混凝。 3. 土衬砌保护层起层和剥落	一般	1. 保持隧道外观整洁、隧道内路面平整、衬砌完整无明显开裂和剥落。 2. 当隧道衬砌（洞壁）或洞内路面结构发生病害时，应视病害类型、危害程度，采取注浆、挂网、喷混凝土、增设锚杆、增设仰拱、灌浆、修补或更换衬砌和路面等措施进行处治。 3. 修补或更换衬砌（洞壁）、路面时，不得侵占隧道的建筑限界	《公路隧道养护技术规范》（JTG H12—2015）第 4.4.3 条
4	路面平整度	车辆伤害	隧道路面不是正常工作状态、妨碍交通安全，隧道路面存在散落物、严重隆起、错台、断裂等现象	一般	日常巡查应对隧道路面是否处在正常工作状态、是否妨碍交通安全等进行检查，隧道路面是否存在散落物、严重隆起、错台、断裂等现象，对异常现象做出缺损状况判定，应采取措施进行处治	《公路隧道养护技术规范》（JTG H12—2015）第 4.4.3 条
5	路面抗滑性能	车辆伤害	1. 隧道路面抗滑性能不满足《公路工程技术标准》规定，洞内、外衔接路段路面设计抗滑性能不一致。 2. 路面积水、结冰溜滑	较大	1. 隧道路面应具有足够的抗滑性能，洞内、外衔接路段路面设计抗滑性能应一致。 2. 应及时处理路面渗漏水，将水引入边沟排出，防止路面积水或结冰	1.《公路工程技术标准》（JTG B01—2014）第 8.0.1 条。 2.《公路隧道养护技术规范》（JTG H12—2015）第 4.6.8 条
6	检修道及盖板	车辆伤害	1. 检修道护栏变形、损坏，或侵入建筑限界。 2. 检修道结构破损。 3. 检修道盖板缺损	较小	检查检修道毁坏、盖板缺损的位置和状况；栏杆变形、锈蚀、缺损等的位置和状况结	《公路隧道养护技术规范》（JTG H12—2015）第 4.4.3 条

续上表

序号	风险点	风险事件（事故类型）	致险因素	风险等级	控制措施	引用的标准/规范
7	港湾式紧急停车带	车辆伤害	存放易燃、易爆、剧毒、放射性等危险物品，紧急停车带、车行（行人）横通道堆放杂物	较大	隧道内严禁存放易燃、易爆、剧毒、放射性等危险物品，隧道内的紧急停车带、车行（人行）横通道内不得堆放杂物	《公路隧道养护技术规范》（JTG H12—2015）第7.1.5条
8	车行横通道	车辆伤害	1. 车行横通道有杂物和积水。 2. 车行横通道未设防火卷帘	一般	1. 隧道横通道应定期清除杂物和积水。 2. 车行横通道应设防火卷帘，防火卷帘应具备现场和远程控制开闭功能	1.《公路隧道养护技术规范》（JTG H12—2015）第4.3.6条。 2.《公路隧道设计规范》第二册　交通工程与附属设施（JTG D70/2—2014）第10.3.6条
9	人行横通道	车辆伤害	1. 人行横通道堵水，道面滑。 2. 人行横通道纵坡未设置踏步台阶，边墙两侧未设扶手。 3. 人行横通道的两端未设防火门	较小	1. 人行横通道应有良好的防排水措施，道面应防滑。 2. 人行横通道纵坡大于20%时，宜设置踏步台阶，边墙两侧宜设扶手，扶手高度宜为0.9m。 3. 人行横通道的两端应设防火门	1.《公路隧道设计规范　第二册　交通工程与附属设施》（JTG D70/2—2014）第10.3.5条。 2.《公路隧道设计规范　第二册　交通工程与附属设施》（JTG D70/2—2014）第10.3.6条
10	排水设施	车辆伤害 淹溺	1. 排水设施破损、沟管堵塞，积水漫流，结冰。 2. 排水设施损坏，导致隧道路面或洞壁渗水	一般	1. 隧道内渗漏水的处治应贯彻“预防为主，防、排、截、堵相结合”的综合治理原则。对防水层，纵、横、竖向渗沟，明暗边沟、截水沟、排水横坡、泄水孔等应及时维修，保持排水畅通。 2. 必要时增设隧道内外的排水设施，保持隧道内外排水畅通	《公路隧道养护技术规范》（JTG H12—2015）第4.6.12条
11	照明设施	车辆伤害	1. 洞内灯具及信号等无法正常工作，如灯具污浊、损坏，未及时维修、更换。 2. 洞内灯具及信号等无法正常工作，如信号灯设置状态有误。 3. 洞内灯具及信号等无法正常工作，如信号灯污浊，亮度不足	一般	照明设施日常检查主要是对设施的使用及损坏情况进行巡检登记。当中间段连续损坏2盏以上灯、洞口加强段连续损坏3盏以上灯时，应及时进行更换或维修	《公路隧道养护技术规范》（JTG H12—2015）第5.5.1条

续上表

序号	风险点	风险事件（事故类型）	致险因素	风险等级	控制措施	引用的标准/规范
12	监控设施	车辆伤害 火灾、爆炸	1. 摄像机或防护罩污染、损伤，或无法调整焦距、聚焦，致使不能有效拍摄现场情况。 2. 监控设施无法与防灾控制系统联动，监控设施无法与紧急电话联动，摄像机安装机制松动、锈蚀，致使角度发生变化，无法拍摄现场情况。 3. 操作台污染、损伤，功能故障，无法正常工作，监视器污染、损伤，除尘不及时，图像不清晰、不稳定，录像机录像质量差，不能有效指导运营管理	较小	1. 应加强对隧道内监控设施的日常检查，对隧道内各种监控传感器、信息板及信号标识、监控室的各种监视设备进行外观巡检，发现异常及时处治。对监控设施的经常性检修、定期检修。 2. 监控设施养护主要指标应按相应设备的产品说明要求进行，高速公路隧道监控设施设备完好率应不低于98%。 3. 高速公路、一级公路的长隧道和特长隧道，其他公路的特长隧道监控系统的软件维护每年应不少于两次，公路隧道监控系统的软件系统维护每年应不少于一次。维护时应注意软件的修改完善，保障联运运行功能的实现和软件可靠性各项技术措施的落实，严格按操作规程或使用说明进行	《公路隧道养护技术规范》JTG H12—2015）第5.8.1条
13	消防设施	火灾 车辆伤害	1. 火灾传感器感应部位污脏，无法有效感应。 2. 手动报警按钮无法传输报警信息。 3. 消防栓的水压不足，无法有效防水。 4. 灭火器数量不足或已腐蚀、失效。 5. 水泵运转时有异响、振动、过热情况，压力上升时闸阀动作不灵活。 6. 电动机无法启动或启动运转有异响、振动、过热情况，绝缘状况不佳，配水管闸阀操作不灵活，支架腐蚀、松动，洞外水管防冻保护设施损坏。 7. 自动阀腐蚀，有漏水现象。 8. 消防水池有漏水现象	较大	1. 清洁火灾传感器感应。 2. 检修报警按钮。 3. 检修消防栓的水压。 4. 定期检查灭火器。 5. 定期检修水泵。 6. 定期巡检电动机，和水管防冻保护设施。 7. 定期巡检自动阀。 8. 定期巡检消防水池	《公路隧道养护技术规范》JTG H12—2015）第5.7.1条

续上表

序号	风险点	风险事件（事故类型）	致险因素	风险等级	控制措施	引用的标准 / 规范
14	通风设施	车辆伤害 中毒和窒息、 物体打击	1. 风机或空气压缩机等通风设备故障，不能正常运转，不能有效通风，有毒有害气体积聚。 2. 未按规定开启、关闭通风设备及设施，有毒有害气体积聚。 3. 风机的功率的不足，通风量不足，有毒有害气体积聚	较大	1. 通风设施的日常检查主要是通过观察设备运转有无异常，确定设备是否存在隐患，并及时排除故障。高速公路隧道日常检查不少于 1 次 /d。 2. 按规定开启、关闭通风设备及设施，防止有毒有害气体积聚。 3. 单向交通排烟风速应按 2~3m/s 进行控制	《公路隧道养护技术规范》（JTG H12—2015）第 5.6.1 条
15	紧急呼叫设施	车辆伤害	1. 紧急电话无法拨打电话或通话效果不佳。 2. 扩音装置、话筒污染、损坏，电压电流不稳定，无法正常工作。 3. 播音设施的操作平台无法紧急播音	一般	定期检查： 1. 行车接听试验，外观有无污染、损伤。 2. 电压及输出功率测定，调制输入确认，设备清洁。 3. 紧急播音试验，安装状态检测，接听试验	《公路隧道养护技术规范》（JTG H12—2015）第 5.8.1 条
16	洞口护栏过渡	车辆伤害	未设计护栏过渡段	一般	高速公路、一级公路及作为干线的二级公路的隧道出入口等位置，护栏应进行过渡段设计	《公路交通安全设施设计规范》（JTG D81—2017）第 6.2.15 条
17	逆反射式标志	车辆伤害 物体打击	1. 逆反射式标志变形、破损，支柱弯曲、倾斜，连接构件松动。 2. 逆反射式标志锈蚀损坏、老化失效、缺失	较小	1. 应及时修补变形、破损的标牌，修复弯曲、倾斜的支柱，紧固松动的连接构件。 2. 对锈蚀损坏、老化失效的标志，应及时更换，缺失的应及时补充	《公路隧道养护技术规范》（JTG H12—2015）第 4.6.16 条

续上表

序号	风险点	风险事件（事故类型）	致险因素	风险等级	控制措施	引用的标准/规范
18	发光式标志	车辆伤害 物体打击	1. 发光式标志变形、破损，支柱弯曲、倾斜，连接构件松动。 2. 发光式标志锈蚀损坏、老化失效、缺失	较小	1. 应及时修补变形、破损的标牌，修复弯曲、倾斜的支柱，紧固松动的连接构件。 2. 对锈蚀损坏、老化失效的标志，应及时更换，缺失的应及时补充	《公路隧道养护技术规范》(JTG H12—2015）第 4.6.16 条
19	可变信息标志	车辆伤害 物体打击	1. 未按《高速公路监控技术要求》设置可变信息标志。 2. 可变信息标志与安全标志牌或其他设施相互遮挡。 3. 可变信息标志锈蚀损坏、老化失效、缺失，支柱弯曲、倾斜，连接构件松动	一般	1. 高速公路监控系统外场设备规模为 A1 等级隧道群、长下坡路段宜设置可变信息标志；规模为 A2 等级隧道群、桥隧相连路段、长下坡路段应设置可变信息标志。 2. 严禁可变信息标志与安全标志牌或其他设施相互遮挡。 3. 对锈蚀损坏、老化失效的标志，应及时更换，缺失的应及时补充，修复弯曲、倾斜的支柱，紧固松动的连接构件	1.《高速公路监控技术要求》（交通运输部公告 2012 年第 3 号）第 5.3.2 条。 2.《公路隧道养护技术规范》（JTG H12—2015）第 4.6.16 条
20	标线	车辆伤害	1. 标线表面有污秽，影响其辨认性能。 2. 标线破损严重和脱落。 3. 应及时紧固松动的路标，发现损坏或丢失，应及时修复或补换	较小	1. 当标线表面有污秽，影响其辨认性能时，应及时进行清洗，清洗标线时，应避免损伤其表面覆膜或涂层等。 2. 对破损严重和脱落的标线应及时补划。 3. 应及时紧固松动的路标，发现损坏或丢失的，应及时修复或补换	1.《公路隧道养护技术规范》（JTG H12—2015）第 4.3.5 条。 2.《公路隧道养护技术规范》（JTG H12—2015）第 4.6.17 条

附表 1-5

交通安全设施风险辨识评估分级清单

序号	风险点	风险事件（事故类型）	致险因素	风险等级	控制措施	引用的标准/规范
1	交通标志（可变限速标志）	车辆伤害 物体打击	1. 未按相关规范要求设置交通标志、标线；交通标志安装位置不合理；标志与标线信息表达不一致。 2. 交通标志、标线等不清晰、不完整、损坏、被遮挡等。 3. 钢构件锈蚀、剥落，支柱、连接件、基础等不稳定，明显倾斜、变形；标志年久失修掉落；由于疏于管理或者遇大风天气导致安全标志从高处下落。 4. 当道路功能或环境发生较大变化时，未对限制速度值进行评估并调整。 5. 限速区内部分路段低于最高限速值的建议速度标志和限速标志设置在同一位置或较近位置。 6. 当天气变化，如雾、冰雪等；超载超限检测站预检后车辆引导；未设置可变限速标志	一般	1. 应保持交通标志设置合理、结构安全，版面内容整洁、清晰。 2. 标志面应平整，无明显褪色、污损、起泡、起皱、裂纹、剥落等病害。标志的图案、字体、颜色等应符合相关标准要求。 3. 标志板、支柱、连接件、基础等标志部件应完整、无缺损且功能正常。标志应无明显歪斜、变形，钢构件无明显剥落、锈蚀。 4. 当道路功能或环境发生较大变化时，宜对限制速度值进行评估，根据需要对限制速度值进行调整。 5. 限速区内部分路段可根据实际情况采取低于最高限速值的建议速度标志。低于最高限速值的建议速度标志不应和限速标志设置在同一位置或较近位置。 6. 根据天气变化，如雾、冰雪等；超载超限检测站预检后车辆引导的需要，条件许可时，可设置可变限速标志	1.《公路养护技术规范》（JTG H10—2009）第 9.2.2 条。 2.《道路交通标志和标线 第 5 部分：限制速度》（GB 5768.5—2017）第 5.8 节。 3.《道路交通标志和标线 第 5 部分：限制速度》（GB 5768.5—2017）第 6.9 节。 4.《道路交通标志和标线 第 5 部分：限制速度》（GB 5768.5—2017）第 7.1 节
2	交通标线	车辆伤害	1. 重划标线与旧标线补充不符，边缘不整齐。 2. 颜色、线形、反光性不符合标准要求。 3. 大面积脱落、线形不流畅；标志面褪色，夜间反光性能差	一般	1. 具有良好的可视性，边缘整齐、线形流畅，无大面积脱落。重新画设的标线应与旧标线基本重合。 2. 颜色、线形等应符合相关标准要求。 3. 反光标线应保持良好的夜间视认性	《公路养护技术规范》（JTG H10—2009）第 9.2.3 条

续上表

序号	风险点	风险事件（事故类型）	致险因素	风险等级	控制措施	引用的标准/规范
3	护栏	车辆伤害	1. 护栏未按规范要求设置。 2. 护栏锈蚀，影响防护能力；护栏损坏未及时恢复；临边、临崖、临水路段护栏强度达不到要求	较大	1. 护栏板搭接方向正确，螺栓坚固。护栏安装线形顺畅，无明显变形、扭转、倾斜。护栏质量符合相关标准要求。 2. 及时修复护栏锈蚀以避免影响防护能力；按照相关要求安装临边、临崖、临水路段护栏，使其强度达到要求	《公路养护技术规范》（JTG H10—2009）第9.2.6条
4	缓冲设施	车辆伤害	1. 缓冲设施未以后部的被防护结构为主要控制点。 2. 车辆碰撞时，连接结构先于缓冲设施本身遭到破坏。 3. 此防撞端头和护栏的线形不一致，连接不顺	较大	1. 缓冲设施的放样应以其后部的被防护结构为主要控制点。缓冲设施施工时，不得对地下设施造成损坏。缓冲设施施工时，应按照设计文件的规定与后部的护栏结构连接牢固。 2. 防撞垫的安装线形应与三角端护或其他被防护构造物）线形相协调。防撞垫支撑结构埋深、支撑结构立柱的间距等应符合设计要求，预埋基础的施工应符合规定。 3. 防撞垫应组装正确，构件齐全，紧固件应安装牢固。防撞端头施工安装后，与相连接的护栏在行车方向上应保持线形平顺	《公路交通安全设施施工技术规范》（JTG/T 3671—2021）第5.7.2条

续上表

序号	风险点	风险事件（事故类型）	致险因素	风险等级	控制措施	引用的标准/规范
5	视线诱导设施	车辆伤害	视线诱导设施达不到要求	一般	视线诱导设施应能对驾驶人进行有效视线诱导；应加强公路视线诱导设施的设置；不同视线诱导设施之间应协调设置；视线诱导设施不得侵入公路建筑限界以内；视线诱导设施的结构形式和材料应尽可能降低对误驶撞上的车辆和人员的伤害	《公路交通安全设施设计规范》（JTG D81—2017） 第 7.1.1 条 ~ 第 7.1.5 条
6	隔离栅	物体打击 车辆伤害	1. 隔离栅部分防腐层脱落、锈蚀。 2. 隔离栅缺失，周边牲畜、社会人员进入公路界限（限界）。 3. 立柱、斜撑、连接件、基础等部件缺损或连接不稳固，隔离栅倾斜、变形	较大	1. 应保持隔离栅的完整无缺，功能正常。隔离栅金属网片、立柱、斜撑、连接件、基础等部件无缺损。 2. 隔离栅的封闭应严密、牢固，不应出现缺口。 3. 隔离栅应无明显倾斜、变形，各部件稳固连接；隔离栅防腐涂层应无明显脱落、锈蚀现象	1.《公路养护技术规范》（JTG H10—2009）第 9.2.7 条。 2.《公路交通安全设施施工技术规范》（JTG/T 3671—2021）第 7.4.1 条
7	防落网	车辆伤害 物体打击	1. 防落物网和防落石网的所有钢构件未进行表面防腐处理，防落石网受到落石冲击后会导致防腐层的局部损坏，降低防落石网的防腐效果。 2. 防落物网的封闭未严密、牢固，出现缺口	较大	1. 防落石网应根据公路边坡的地形、落石规模、频率、冲击能力和灾害后果等因素进行设置，其结构应能承受设计边坡落石的冲击力作用。 2. 防落物网施工前应对所有预埋件的设置位置、强度、腐蚀程度进行检查，不符合设计要求的应整改	1.《公路交通安全设施施工技术规范》（JTG/T 3671—2021）第 8.1.5 条。 2.《公路交通安全设施施工技术规范》（JTG/T 3671—2021）第 8.2.2 条

续上表

序号	风险点	风险事件（事故类型）	致险因素	风险等级	控制措施	引用的标准/规范
8	防眩设施	车辆伤害	1. 防眩设施损坏、缺失，尤其是长大纵坡路段，灯光能进入对向车道。 2. 防眩设施锈蚀、褪色、污染严重，未及时清洗、维护。 3. 防眩设施未按规范要求设置	一般	1. 防眩板、防眩网等防眩设施应完整、清洁，具有良好的防眩效果。 2. 防眩设施应安装牢固，无缺损。防眩设施应无明显变形、褪色或锈蚀。 3. 防眩设施的质量应符合相关标准要求	1.《公路交通安全设施施工技术规范》(JTG/T 3671—2021)第9.2.2条。 2.《公路交通安全设施施工技术规范》(JTG/T 3671—2021)第9.3.1条
9	其他交通安全设施	车辆伤害	里程碑、百米桩、声屏障、警示标志等交通安全设施缺失、污染严重，不能发挥正常功能。	一般	应保持里程碑、百米桩、道口标柱、公路界碑、防落网、锥形交通路标、公路防撞桶、减速垫、安全岛、平曲线反光镜、声屏障、示警标志等交通安全设施的清洁完整和功能正常	《公路养护技术规范》（JTG H10—2009）第9.2.9条

路线交叉风险辨识评估分级清单

附表 1-6

序号	风险点	风险事件（事故类型）	致险因素	风险等级	控制措施	引用的标准/规范
1	分、合流鼻端三角区	车辆伤害	分、合流鼻端的通视情况不好，视距不足	一般	主线与匝道之间应满足车辆相互通视的要求	《公路立体交叉设计细则》（JTG/T D21—2014）第5.4.6条
2	匝道限速标志	车辆伤害	匝道限速标志位置设置不当	一般	匝道限速应采用限制速度标志	《道路交通标志和标线 第2部分：道路交通标志》（GB 5768.2—2022）第7.3.6条
3	出口标志	车辆伤害	出口安全设施设置不够完善，路权优先指示（停车让行标志、减速让行标志）不明确或者缺乏等	一般	设置完整的警告、禁令、指示、指路标志和必要的信号灯、警示灯等设施	《公路交通标志和标线设置规范》（JTG D82—2009）第3.3.1条

续上表

序号	风险点	风险事件（事故类型）	致险因素	风险等级	控制措施	引用的标准/规范
4	出口标线	车辆伤害	互通式立体交叉 出口标志标线设置不当，车辆错过出入口，紧急制动等行为影响行车安全	一般	出口标线应经常保持完好、清晰，宜定期重涂	《道路交通标志和标线　第3部分：道路交通标线》（GB 5768.3—2009）第4.11节
5	互通式立体交叉	车辆伤害	1. 匝道线形及其连接方式不宜使驾驶人感知和识别路线走向等。 2. 雨水无法排出，影响路面抗滑性。 3. 出口预告标志版面信息被遮挡。 4. 互通式立体交叉分、合流鼻端通视三角区受植被遮挡。 5. 限速标志受植被遮挡	较大	1. 匝道线形及其连接方式宜使驾驶人通过几何构造即易于感知和识别路线走向等信息。 2. 路线交叉范围内，应保持设施良好、排水畅通、通视良好，保障车辆正常通行。 3. 标志应经常清洁、维护，保持足够的逆反射性能，保证视认性。标志使用中还应避免其被树木遮挡、被路灯照明影响视认。 4. 互通式立体交叉区域应具有良好的通视条件。 5. 标志应经常清洁、维护，保持足够的逆反射性能，保证视认性。标志使用中还应避免其被树木 遮挡、被路灯照明影响视认	1.《公路立体交叉设计细则》（JTG/T D21—2014）第6.2.1条。 2.《公路养护技术规范》（JTG H10—2009）第7.1.1条。 3.《道路交通标志和标线　第2部分：道路交通标志》（GB 5768.2—2022）第3.13.4条。 4.《公路路线设计规范》（JTG D20—2017）第11.2.1条

续上表

序号	风险点	风险事件（事故类型）	致险因素	风险等级	控制措施	引用的标准/规范
6	平面交叉	车辆伤害	1. 平面交叉采用的交通管理方式不合适。 2. 平面交叉角不是直角。 3. 两相交公路的技术等级或交通量相近时，平面交叉范围内设计速度过快。 4. 平面交叉的间距过大或过小。 5. 未进行渠化。	较大	1. 平面交叉的交通管理方式分为主路优先、无优先交叉和信号交叉三种，应根据相交公路的公路功能、技术等级、交通量等确定所采用的方式。 2. 平面交叉角宜为直角，必须斜交时，交叉角应大于45°。同一位置平面交叉岔数不宜多于5条。 3. 两相交公路的技术等级或交通量相近时，平面交叉范围内的设计速度可适当降低，但不宜低于路段设计速度的70%。平面交叉右转弯车道的设计速度不宜大于40km/h；左转弯车道的设计速度不宜大于20km/h。 4. 平面交叉的间距应根据其对行车安全、通行能力和交通延误等的影响确定。有条件时应尽量通过支路合并等措施，减少平交口数量，增大平交口间距。一、二级公路平面交叉的最小间距应不小于《公路工程技术标准》（JTG B01—2014）标准中表9.1.5的规定。 5. 在公路与公路相交叉处，应根据相交公里的行政等级，按照《公路交通标志和标线设置规范》（JTG D82—2009）中表7.2.11的规定设置。设置相应的交通标志，其设置位置见《公路交通标志和标线设置规范》（JTG D82—2009）中图7.2.1。平面交叉交通标志的设置流程如附录F所示。具有集散功能的一级公路、二级及二级以下公路中的互通式立体交叉及专用公路可参照上述规范7.2.1条和7.2.2条的规定设置。	1.《公路工程技术标准》（JTG B01—2014）第9.1.2条。 2.《公路工程技术标准》（JTG B01—2014）第9.1.3条。 3.《公路工程技术标准》（JTG B01—2014）第9.1.4条。 4.《公路工程技术标准》（JTG B01—2014）第9.1.5条。 5.《公路交通标志和标线设置规范》（JTG D82—2009）第7.2.1条。

续上表

序号	风险点	风险事件（事故类型）	致险因素	风险等级	控制措施	引用的标准/规范
6	平面交叉	车辆伤害	6. 平面交叉标线磨损严重。 7. 通视三角区内存在障碍物影响视距	较大	6. 路面标线具有良好的可视性，边缘整齐、线形流畅，无大面积脱落。 7. 各级公路每条车道的停车视距规定按照《公路路线设计规范》（JTG D20—2006）中表 7.9.1 设置	6.《公路养护技术规范》（JTG H10—2009）第 9.2.3 条。 7.《公路路线设计规范》（JTG D20—2006）第 7.9.1 条

服务区风险辨识评估分级清单

附表 1-7

序号	风险点	风险事件（事故类型）	致险因素	风险等级	控制措施	引用的标准/规范
1	加油站	火灾爆炸	1. 油品泄漏。 2. 加油时车辆未熄火；加油、卸油时存在违章作业。 3. 防雷、防静电设施未设置或未按规定进行检测合格等。 4. 作业人员未持证上岗。 5. 加油场所其他违规违章行为	重大	1. 应具备密闭卸油的条件。 2. 加油时车辆需熄火。 3. 防静电接地设施完好。 4. 加强对作业人员资格审查。 5. 定期对加油站进行综合检查，发现问题及时以书面的形式告知责任单位，并督促其按要求限时整改；未按要求进行整改的，按相关协议进行处罚	1.《加油站作业安全规范》（AQ 3010—2022）第 6.1.1~6.1.6 条。 2.《加油站作业安全规范》（AQ 3010—2022）第 5~9 章
		车辆伤害	1. 加油站安全警示标识设置不符合要求。 2. 工作人员夜间加油不穿反光服装。 3. 加油站各类安全设施不齐或安全设施不符合要求；无障碍通道不畅或堵塞等	一般	1. 根据《加油站作业安全规范》（AQ 3010—2007）设置加油站安全警示标识。 2. 工作人员夜间加油需穿反光服装。 3. 加油站各类安全设施须符合《加油站作业安全规范》（AQ 3010—2007）的要求	1.《加油站作业安全规范》（AQ 3010—2022）第 10.3.2 条。 2.《加油站作业安全规范》（AQ 3010—2022）第 9 条。 3.《加油站作业安全规范》（AQ 3010—2022）第 5.1.1~ 第 5.1.5 条

续上表

序号	风险点	风险事件（事故类型）	致险因素	风险等级	控制措施	引用的标准/规范
2	停车场	车辆伤害	停车区停车场、公共厕所、长凳拥挤	一般	停车区应设置停车场、公共厕所、长凳，只给用路者提供最低限度的服务	《高速公路交通工程及沿线设施设计通用规范》（JTG D80—2006）第6.3.1条
3	车辆维修站	火灾爆炸	1. 服务区汽车维修点焊接作业违章操作。 2. 服务区汽车维修点违规存放汽油等易燃易爆品。 3. 汽车维修工、器具不符合安全要求或违规操作。 4. 汽车维修点临时用电不规范	较大	1. 定期对汽车维修点进行综合检查，发现问题及时以书面的形式告知责任单位，并督促其按要求限时整改。 2. 严禁在汽车维修点存放汽油等易燃易爆品。 3. 定期对汽车维修点进行综合检查，发现问题及时以书面的形式告知责任单位，并督促其按要求限时整改。 4. 定期对汽车维修点进行综合检查，发现问题及时以书面的形式告知责任单位，并督促其按要求限时整改	1.《城市公共交通主要保修设备配备——公共汽车修理厂》（CJ/T 11—1999）。 2.《建筑消防设施检测技术规程》（GA 503—2004）
4	公共厕所	其他伤害	1. 服务区卫生间积水。 2. 服务区卫生间无相关安全警示、提示；开水取用点无警示	较小	1. 服务区现场管理人员督促物业保洁人员对服务区卫生间水渍进行经常性的清扫，保持地面清洁，无积水；公共厕所地面、蹲台、小便池及墙裙，均应采用不透水材料，并应设置水沟或地漏。地面坡度应坡向水沟或地漏，禁止冲洗水流向室外。 2. 在相应地点设置安全警示标志	1.《城市公共厕所设计标准》（CJJ 14—2016）第5.0.7条。 2.《城市公共厕所设计标准》（CJJ 14—2016）第6.0.3条
5	污水处理区	机械伤害	污水处理池、化粪池等清淤时、污水处理药品储存、使用过程中未按相关规定执行	一般	污水处理池、化粪池等清淤时服务区管理人员督促相关方严格按照有限空间作业规定执行建立健全污水处理药品储存管理规定及使用过程操作规程	《公路排水设计规范》（JTG/T D33—2012）第7.5.5条

续上表

序号	风险点	风险事件（事故类型）	致险因素	风险等级	控制措施	引用的标准/规范
6	监控设施	车辆伤害	值机员指挥不当；电气设备漏电保护装置缺少、损坏、失效	一般	应加强对监控设施的日常检查，对各种监控传感器、信息板及信号标识、监控室的各种监视设备进行外观巡检，发现异常及时处治。对监控设施的经常性检修、定期检修	《高速公路监控技术要求》（交通运输部公告2012年第3号）第3.4.1条
7	消防设施	火灾 其他爆炸 中毒窒息	室外的消防井、消火栓、消火组件，安全出口指示灯、安全疏散通道、疏散指示灯、应急照明灯等消防器具配备不足或损坏	重大	加强巡查及检修消火栓及水泵接合器、灭火器、火灾报警设施、水喷雾控制阀及喷头、气体灭火设施、电光标志等	《建筑消防设施检测技术规程》（GA 503—2004）
8	排水设施	车辆伤害 物体打击	路面抛洒、遗留物多阻碍排水，路面有坑槽不利于排水	一般	排水设施（排水管、泄水管、排水槽）应及时疏通，损坏的应及时更换，缺少的应补充	《公路排水设计规范》（JTG/T D33—2012）第7.5.1条
9	机电设施	触电 车辆伤害 火灾	1. 照明设施损坏。 2. 工作人员缺乏安全用电知识，违规使用电气设备、电气线路老化等	一般	1. 机电设施养护周期对不同设备或同一设备不同部位应有不同要求；根据当地规定检修。 2. 企业应建立健全安全教育培训制度，按照有关规定进行培训。培训大纲内容、时间应满足有关标准的规定	1.《公路机电系统设备通用技术要求及检测方法》（JTT 817—2011）第4.1.3条。 2.《企业安全生产标准化基本规范》（GB/T 33000—2016）第5.3.1条

续上表

序号	风险点	风险事件（事故类型）	致险因素	风险等级	控制措施	引用的标准/规范
10	餐厅	其他伤害	地面经常有水、油污，易导致滑倒	一般	建筑坡道、楼梯踏步及经常有水、油污的地面进行防滑设计时应符合现行国家标准《建筑地面设计规范》（GB 50037）的规定，其防滑等级应按水平地面等级提高一级，并应采用防滑条等防滑构造技术措施	《建筑地面工程防滑技术规程》（JGJ/T 331—2014）
11	充电桩	触电 火灾其他爆炸	1. 充电桩内印刷线路板、接插件等部件潮湿、霉变、盐雾。 2. 防锈（防氧化）保护充电桩铁质外壳和暴露的铁质支架、零件生锈。 3. 充电桩被盗。 4. 充电桩的表面温度过高。 5. 充电桩电击	较大	1. 三防（防潮湿、防霉变、防盐雾）保护充电桩内印刷线路板、接插件等部件应进行防潮湿、防霉变、防盐雾处理。防盐雾腐蚀能力应能满足《环境条件分类 自然环境条件 尘、沙、烟雾》（GB/T 4797.6—2013）中的要求。 2. 防锈（防氧化）保护充电桩铁质外壳和暴露的铁质支架、零件应采用双重防锈措施，非铁质的金属外壳也应具有防氧化保护膜或进行防氧化处理。 3. 防盗保护充电桩应具有必要的防盗措施。 4. 允许温度充电桩的表面温度应满足《电动汽车传导充电系统　第 1 部分　通用要求》（GB/T 18487.1—2015）中 11.6.3 要求。 5. 电击防护充电桩的电击防护应符合《电动汽车传导充电系统　第 1 部分 通用要求》（GB/T 18487.1—2015）中第 7 章的要求	1.《电动汽车交流充电桩技术条件》（NB/T 33002—2018）第 7.3.2 条。 2.《电动汽车交流充电桩技术条件》（NB/T 33002—2018）第 7.5.2 条

超限检测站风险辨识评估分级清单

附表 1-8

序号	风险点	风险事件（事故类型）	致险因素	风险等级	控制措施	引用的标准／规范
1	入口匝道	车辆伤害	入口宽度、视距不足	较大	入口匝道在合流鼻端附近限制	《公路超限检测站管理办法》（交通运输部令2011年第7号）第8条
2	出口匝道	车辆伤害	出口无导流标志	一般	按照《公路立体交叉设计细则》（JTG/T D21—2014）设置出口导流标志	《公路超限检测站管理办法》（交通运输部令2011年第7号）第8条
3	断面宽度	车辆伤害	断面宽度不足，车辆无法转弯、掉头、会车	较大	设立相关的标志，禁止在此处转弯、掉头、会车	《公路超限检测站管理办法》（交通运输部令2011年第7号）第8条
4	检测车道	车辆伤害 物体打击	1. 未及时清理雨雪。 2. 无关人员和车辆进入检测车道	一般	1. 公路超限检测站应当加强对站内设施、设备的保管和维护，确保设施、设备处于良好运行状态。 2. 车辆所有人、驾驶人及其他人员采取故意堵塞公路超限检测站通行车道、强行通过公路超限检测站等方式扰乱超限检测秩序，或者采取短途驳载等方式逃避超限检测的，由公路管理机构强制拖离或者扣留车辆，处3万元以下的罚款；构成违反治安管理行为的，依法给予治安管理处罚；构成犯罪的，依法追究刑事责任	1.《公路超限检测站管理办法》（交通运输部令2011年第7号）第23条。 2.《公路超限检测站管理办法》（交通运输部令2011年第7号）第40条
5	检测设备	车辆伤害	设备故障，检测结果不准确，雷雨天气，未及时关闭检测设备电源	一般	应当根据车辆超限检测的需要，合理设置下列功能区域及设施：检测、执法处理、卸载、停车等车辆超限检测基本功能区；站区交通安全、交通导流、视频监控、网络通信、照明和其他车辆超限检测辅助设施；必要的日常办公和生活设施	《公路超限检测站管理办法》（交通运输部令2011年第7号）第11条

续上表

序号	风险点	风险事件（事故类型）	致险因素	风险等级	控制措施	引用的标准 / 规范
6	消防设施	火灾	消防设施缺损、灭火器过期	较大	巡查消火栓及水泵接合器、灭火器、火灾报警设施、水喷雾控制阀及喷头、气体灭火设施、电光标志等	《建筑消防设施检测技术规程》（GA 503—2004）
7	排水设施	车辆伤害 淹溺	污水井盖破损，排水管道堵塞	较小	排水设施（排水管、泄水管、排水槽）应及时疏通，损坏的应及时更换，缺少的应补充	《公路排水设计规范》（JTG/T D33—2012）第 7.5.1 条
8	电气设施	触电	1. 机电设备产品被不同程度腐蚀。 2. 违规使用电气设备、电气线路老化等	较大	1. 室外机电设备产品应采取防雨、防尘措施。 2. 产品的供电接口和控制接口应采取必要的防雷电和过电压保护措施，采用的元器件和防护措施应符合有关标准要求；定期对收费站电气线路进行检查、维护	1.《公路机电系统设备通用技术要求及检测方法》（JT/T 817—2011）第 4.9 条。 2.《公路机电系统设备通用技术要求及检测方法》（JT/T 817—2011）第 4.10 条

附表 1-9

公路养护、巡查作业风险辨识评估分级清单

序号	风险点	风险事件（事故类型）	致险因素	风险等级	控制措施	引用的标准 / 规范
1	一般路段养护	车辆伤害	1. 路面有裂缝或破损；路面出现轻度水坑损坏，如坑槽、唧浆等；路面出现交叉裂缝或破碎板，板底出现脱空；路面有遗洒物，导致降低路面平整度，严重时形成障碍，影响正常行车；冰雪路面，道路结冰，降低路面抗滑性能。 2. 车辆违规停靠在紧急停车带，导致故障车辆无法停靠；周边社会人员、牲畜进入高速路段，影响车辆的行驶路径，分散驾驶人的注意力。	较大	1.应对养护单元所列基本要求逐项检查，经检查不符合规定时，不得进行工程质量的检验评定。养护单元所用的各种原材料的品种、规格、质量及混合料配合比和半成品、成品等应符合有关技术标准规定并满足设计要求。 2.应对养护单元所列基本要求逐项检查，经检查不符合规定时，不得进行工程质量的检验评定。养护单元所用的各种原材料的品种、规格、质量及混合料配合比和半成品、成品等应符合有关技术标准规定并满足设计要求。	《公路养护工程质量检验评定标准》（JTG 5220—2020）第 4.1.1~4.1.9 条

续上表

序号	风险点	风险事件（事故类型）	致险因素	风险等级	控制措施	引用的标准/规范
1	一般路段养护	车辆伤害	3. 路基坡面防护裂缝或破损或因雨水冲刷等造成稳固性破坏；挖方段土质路堑边坡，受地表水以及外力作用影响，导致土质松软，稳定性破坏；挖方段岩质边坡，受降水、风化、冻融等影响，边坡存在落石、发生泥石流；路基保护范围内开挖或动土，导致挖方段砌体防护边坡出现鼓包。 4. 渗水滑坡；遇暴雨天气滑坡的概率升高，有滚石滑落；边坡上有倾斜的树，遇大风，暴雪天气易折断影响主线行车安全。 5. 未按相关规范要求设置交通标志、标线；交通标志安装位置不合理；标志与标线信息表达不一致；交通标志、标线等不清晰、不完整、损坏、被遮挡等。 6. 护栏未按规范要求设置	较大	3.应对养护单元所列基本要求逐项检查，经检查不符合规定时，不得进行工程质量的检验评定。养护单元所用的各种原材料的品种、规格、质量及混合料配合比和半成品、成品等应符合有关技术标准规定并满足设计要求。 4.应对养护单元所列基本要求逐项检查，经检查不符合规定时，不得进行工程质量的检验评定。养护单元所用的各种原材料的品种、规格、质量及混合料配合比和半成品、成品等应符合有关技术标准规定并满足设计要求。 5. 按相关规范要求设置交通标志、标线；交通标志、标线等应清晰、完整。 6. 护栏按规范要求设置	《公路养护工程质量检验评定标准》（JTG 5220—2020）第4.1.1~4.1.9条
2	桥梁养护	坍塌、高处坠落、物体打击、车辆伤害	1. 保障结构有缺失、外观整洁和附属设施不齐全。 2. 未确保养护作业安全，降低对交通的影响。 3. 未积极稳妥地采用先进的检查设备、养护技术和科学的管理方法。 4. 没有及时掌握桥涵技术状况的变化，设有采取相应的养护对策。 5. 没有有效开展预防养护，保障结构耐久性。 6. 未设置必要的检修设施	较大	1. 日常对桥涵结构、外观和附属设施进行检查、监测和评定。 2. 日常定期对桥涵进行养护、预防养护。 3. 日常定期对桥涵进行修复养护。 4. 及时掌握桥涵技术状况的变化，制订桥涵构造物灾害防治与抢修的应急预案，灾害发生后，及时开展应急养护。 5. 日常对桥涵构造进行安全运行管理。 6. 设置必要的检修设施	1.《公路桥涵养护规范》（JTG 5120—2021）第1.0.3条。 2.《公路桥涵养护规范》（JTG 5120—2021）第1.0.4条

续上表

序号	风险点	风险事件（事故类型）	致险因素	风险等级	控制措施	引用的标准/规范
3	隧道养护	车辆伤害	1. 双洞单向通行的隧道在入口附近养护作业，未编制作业区布控方案或未按方案进行作业。 2. 双洞单向通行的隧道在中间路段养护作业，未编制作业区布控方案或未按方案进行作业。 3. 双洞单向通行的隧道群养护作业，未编制作业区布控方案或未按方案进行作业	较大	1. 隧道路面养护工程应按《公路养护工程质量检验评定标准》第5章相关内容检验。隧道洞门翼墙和洞口边（仰）坡防护等养护工程应按《公路养护工程质量检验评定标准》第6章相关内容检验。洞外排水设施的养护；工程应按本标准第4章相关内容检验。隧道内安全设施养护工程应按《公路养护工程质量检验评定标准》第8章相关内容检验。 2. 隧道路面养护工程应按《公路养护工程质量检验评定标准》第5章相关内容检验。隧道洞门翼墙和洞口边（仰）坡防护等养护工程应按《公路养护工程质量检验评定标准》第6章相关内容检验。洞外排水设施的养护；工程应按本标准第4章相关内容检验。隧道内安全设施养护工程应按《公路养护工程质量检验评定标准》第8章相关内容检验。 3. 隧道路面养护工程应按《公路养护工程质量检验评定标准》第5章相关内容检验。隧道洞门翼墙和洞口边（仰）坡防护等养护工程应按《公路养护工程质量检验评定标准》第6章相关内容检验。洞外排水设施的养护；工程应按本标准第4章相关内容检验。隧道内安全设施养护工程应按《公路养护工程质量检验评定标准》第8章相关内容检验	《公路养护工程质量检验评定标准》（JTG 5220—2020）第7.1.1条

续上表

序号	风险点	风险事件（事故类型）	致险因素	风险等级	控制措施	引用的标准/规范
4	匝道养护	车辆伤害	1. 互通式立体交叉形式未满足功能、安全和环境保护要求。 2. 互通式立体交叉形式未与路网结构、交叉类型、现场条件及周边环境相适应。 3. 互通式立体交叉形式的选择未综合考虑通行能力、运行安全、用地、自然环境和社会环境、全寿命周期成本和收费站设置要求等因素。 4. 相邻连接部之间的距离不足够。 5. 匝道线形及其连接方式不明确。 6. 被交叉公路未采用上跨方式。 7. 匝道布局错误。 8. 匝道布局不与周围环境相协调	较大	互通式立体交叉的形式应符合下列规定： 1. 交叉公路、匝道基本路段和各连接部应满足设计通行能力的要求，各路段和各部位的服务水平应与交叉公路的服务水平相协调。 2. 与路网结构、交叉类型、现场条件及周边环境相适应。 3. 出口形式应符合《公路立体交叉设计细则》（JTG/T D21—2014）第5.6节有关一致性设计的要求。 4. 相邻连接部之间的距离应符合本细则有关间距控制和连续分、合流间距的要求。 5. 匝道线形及其连接方式宜使驾驶人通过几何构造即易于感知和识别路线走向等信息。 6. 有条件时，被交叉公路宜采用上跨方式。 7. 匝道布局宜紧凑，并应与现场地形和地物相适应。 8. 匝道布局应与周围环境相协调，有利于对噪声和空气污染的控制	《公路立体交叉设计细则》（JTG/T D21—2014）第6.2.1条

续上表

序号	风险点	风险事件（事故类型）	致险因素	风险等级	控制措施	引用的标准/规范
5	巡查作业	车辆伤害	1. 对桥梁、边坡等进行巡查，巡查人员注意力不集中，安全意识淡薄。 2. 特殊天气情况进行道路巡查采取的防护措施不当。 3. 车辆行驶和停靠不符合要求。 4. 巡查人员查看行车道或穿越行车道巡查时安全确认不到位。 5. 巡逻时发现行人上路情况，未及时劝阻。 6. 养护作业人员在路段上进行养护作业时未按规定着装和佩戴警示标识	一般	1. 加强对巡查人员的教育培训，提高安全意识。至少有两位巡查人员才能进行实地巡查，相互确认互保安全。 2. 特殊天气进行道路巡查时，巡查人员应控制车速，开启警示警报设施。 3. 按高速公路运营单位相关规定，控制车速，车辆原则上停靠于停车带内，不占道停车。 4. 无来车的情况下快速穿越高速公路。需穿越高速公路时，应选择视线良好地段。 5. 及时劝离。劝离无效，及时向相关执法部门报告。 6. 按规定要求着反光标志服，夜间作业需佩戴发光方位灯等	《高速公路日常养护巡查及经常性检查作业规程》（T/JS—2022）

收费站风险辨识评估分级清单

附表 1-10

序号	风险点	风险事件（事故类型）	致险因素	风险等级	控制措施	引用的标准/规范
1	收费站通道	车辆伤害	1. 收费车道数量不够。 2. 车道不满足各种车型、车种通行；车辆进入收费站时未按规定减速行驶；收费设备出现故障等，收费作业人员疏导车辆变更收费车道时，未按操作规程作业等。 3. 多车道收费站无安全设施与提示；车辆通过 ETC（Electronic Toll Collection，电子不停车收费）车道时超速行驶。 4. 上下道全是 ETC 车道。 5. 收费车道有杂物	一般	1. 收费车道数量宜满足实际车流量。 2. 车道结构规范，满足各种车型、车种通行。 3. 多车道收费站应有横穿车道的安全设施与提示。 4. 上下道应最少各设有一条 ETC 车道，并设有明显标识。 5. 收费车道应保持清洁、无障碍物等	1.《高速公路交通工程及沿线设施设计通用规范》（JTG D80—2006）第 7.7.6 条。 2.《高速公路交通工程及沿线设施设计通用规范》（JTG D80—2006）第 7.7.7 条

续上表

序号	风险点	风险事件（事故类型）	致险因素	风险等级	控制措施	引用的标准/规范
2	收费岛	车辆伤害	有污迹、杂物。岛头、岛身、岛尾、标线模糊	较小	安全防护作用有效，干净无污迹、杂物。岛头、岛身、岛尾、标线清晰保持完好	《高速公路交通工程及沿线设施设计通用规范》（JTG D80—2006）第7.4.6条
3	收费站广场	车辆伤害	1. 收费广场不符合《高速公路交通工程及沿线设施设计通用规范》（JTG D80—2006）中第7.4.6（1）条的规定，收费广场有污迹、杂物等；收费站站棚设施及附着的附属设施（如广告牌、警示牌等）安装不符合要求、长久失修。 2. 广场内绿化未修建，广场内路面出现破损。 3. 收费广场缺少"收费标准公告牌"	一般	1. 收费广场应符合《高速公路交通工程及沿线设施设计通用规范》（JTG D80—2006）中第7.4.6（1）条的规定；收费广场应干净整洁，无污迹、杂物等。 2. 广场内绿化应定期修剪，广场内路面出现破损应及时修复。 3. 收费广场应设置"收费标准公告牌"，有条件的收费广场可提供区域交通图、旅游景点线路图等	《高速公路交通工程及沿线设施设计通用规范》（JTG D80—2006）第7.4.6条
4	消防设施	火灾 其他爆炸	室外的消防井、消火栓、消火组件，安全出口指示灯、安全疏散通道、疏散指示灯、应急照明灯等消防器具配备不足	一般	巡查消火栓及水泵接合器、灭火器、火灾报警设施、水喷雾控制阀及喷头、气体灭火设施、电光标志等	《建筑消防设施检测技术规程》（GA 503—2004）
5	排水设施	车辆伤害 物体打击	1. 路面抛洒、遗留物多阻碍排水。 2. 路面有坑槽不利于排水	一般	1. 定期对排水系统进行检查，对于设计缺陷应进行整改；定期清理疏通排水系统，增加强制排水；出现排水不畅或积水情况时收费员严禁使用地下通道。 2. 收费站等沿线设施的排水设计，应按照因地制宜、达标排放的原则确定排水系统的组成，定期对排水系统进行检查，合理选择污水处理方案	《公路排水设计规范》（JTG/T D33—2012）第7.5.1条

续上表

序号	风险点	风险事件（事故类型）	致险因素	风险等级	控制措施	引用的标准/规范
6	监控设施	车辆伤害 触电 火灾其他爆炸	1. 值机员指挥不当，电视墙温度太高。 2. 电气设备漏电保护装置缺少、损坏、失效未按规定检修设备、线路	一般	1. 应加强值机员的日常培训和对监控设施的日常检查，对各种监控传感器、信息板及信号标识、监控室的各种监视设备进行外观巡检，发现异常及时处治。对监控设施的经常性检修、定期检修。 2. 监控设施养护主要指标应按相应设备的产品说明要求进行	《高速公路交通工程及沿线设施设计通用规范》（JTG D80—2006）第7.3.6条
7	机电设施	火灾 触电	1. 收费站工作人员缺乏安全用电知识；涉及强电作业的人员未持证上岗。 2. 违规使用设备。 3. 设备线路老化等。 4. 配电及用电设施设备外壳未可靠接地；供配电设施及建构筑物未按规定设置防雷设施、防雷设施不符合要求或防雷设施未按规定进行检测；配电箱绝缘破坏或电器裸露；过载、短路产生高温或火花	较大	1. 对工作人员进行安全教育培训，提高安全意识；班长每班对工作人员安全用电进行检查，及时进行纠正；涉电作业的人员必须按规定进行培训，并取得特种作业人员操作证，持证上岗；严禁安排无相应操作证的人员进行作业。 2. 对违规使用电气设备的人员按高速公路运营单位相关规定考核。 3. 定期对收费站电气线路进行检查、维修；按规定要求配置相应的消防器材；定期对消防器材进行检查，确保其完好有效。 4. 定期对收费站电气线路进行检查、维修，固定式配电箱的安装位置应能够有效防止雨水或其他液体渗入，应有足够的安全操作和维修空间	《公路机电系统设备通用技术要求及检测方法》（JT/T 817—2011）第4.1.3条

办公区域风险辨识评估分级清单

附表 1-11

序号	风险点	风险事件（事故类型）	致险因素	风险等级	控制措施	引用的标准 / 规范
1	食堂	灼烫 火灾 触电 爆炸	1. 燃气使用点未规范设置可燃气体检测报警仪。 2. 作业人员未经过有针对性的安全培训，无相应的安全技能。 3. 天然气管网管道及各类连接处，液化石油气减压阀及输气软管，炉具等出现泄漏。 4. 液化石油气罐使用时离火源距离不符合要求	较大	1. 使用燃气的操作间应装备有燃气泄漏报警系统，有明火操作的操作间应装配有消防报警系统和自动灭火装置。机关职工食堂应配备足够数量的消防器材，包括消火栓、灭火器、灭火毯等，存放于固定醒目位置，应悬挂消防安全承诺书、消防安全告知书等内容的提示牌，并设置消防器材、消防提示性、警示性等标志。标志应符合《安全标志及其使用导则》（GB 2894—2008）和《消防安全标志》（GB 13495—2015）的规定。 2. 机关职工食堂应定期组织从业人员参加食品卫生和安全操作等法律法规知识、管理制度、加工制作规程等培训并进行考核，考核可采取笔试、问答等方式，考核合格后方可上岗。 3. 机关职工食堂应组织实行每日防火巡查和火灾隐患检查整改工作，建立巡查记录和消防安全档案；机关职工食堂应配备足够数量的消防器材，包括消火栓、灭火器、灭火毯等，存放于固定醒目位置，应悬挂消防安全承诺书、消防安全告知书等内容的提示牌，并设置消防器材、消防提示性、警示性等标志。标志应符合《安全标志及其使用导则》（GB 2894—2008）和《消防安全标志》（GB 13495—2015）的规定	1.《机关职工食堂管理服务规范》（DB51/T 2617—2019）第 4.3.4 条。 2.《机关职工食堂管理服务规范》（DB51/T 2617—2019）第 4.4.4 条

续上表

序号	风险点	风险事件（事故类型）	致险因素	风险等级	控制措施	引用的标准/规范
2	员工住宅	火灾	1. 宿舍建筑内缺少消防安全疏散示意图以及安全疏散标识。 2. 宿舍基地易积水。 3. 贴邻公用盥洗室、公用厕所、卫生间等房间十分潮湿	一般	1. 宿舍建筑内应设置消防安全疏散示意图以及明显的安全疏散标识，且疏散走道应设置疏散照明和灯光疏散指示标志。 2. 宿舍基地宜选择较平坦，且不易积水的地段。 3. 贴邻公用盥洗室、公用厕所、卫生间等潮湿房间的居室、储藏室的墙面应在相邻墙体的迎水面作防潮处理	1.《宿舍建筑设计规范》（JGJ 36—2016）第 3.1.3 条。 2.《宿舍建筑设计规范》（JGJ 36—2016）第 4.2.4 条。 3.《宿舍建筑设计规范》（JGJ 36—2016）第 5.2.6 条
3	公司	物体打击 其他伤害	1. 生产过程及工艺，物料、设施设备，器材，通道、作业环境等存在安全风险，生产现场作业环境不整洁；生产现场未配备相应的安全，职业病防护用品（具）及消防设施与器材，未按照有关规定设置应急照明，安全通道不畅通；对设备存在能量和危险有害物质的位置未采取可靠的安全技术措施进行屏蔽或隔离。 2. 高速公路运营单位未依法合理进行生产作业组织和管理，对从业人员作业行为的安全管理不严格，对设施设备、工艺技术以及从业人员作业行为等未进行安全风险辨识及采取相应的控制措施。 3. 高速公路运营单位未组织从业人员进行上岗前、在岗期间、特殊情况应急后和离岗时的职业健康检查，对检查结果异常的从业人员，未及时就医，并定期复查。未经职业健康检查的从业人员从事接触职业病危害的作业。安排有职业禁忌的从业员从事禁忌作业。从业人员的职业健康监护不符合《职业健康监护技术规范》（GBZ 188—2014）的规定	一般	1. 高速公路运营单位应事先分析和控制生产过程及工艺，物料、设施设备，器材，通道、作业环境等存在的安全风险。生产现场应实行定置管理，保持作业环境整洁。生产现场应配备相应的安全，职业病防护用品（具）及消防设施与器材，按照有关规定设置应急照明、安全通道，并确保安全通道畅通。高速公路运营单位应采取可靠的安全技术措施，对设备能量和危险有害物质进行屏蔽或隔离。 2. 高速公路运营单位应依法合理进行生产作业组织和管理，加强对从业人员作业行为的安全管理，对设施设备、工艺技术以及从业人员作业行为等进行安全风险辨识，采取相应的措施，控制作业行为安全风险。 3. 高速公路运营单位应组织从业人员进行上岗前、在岗期间、特殊情况应急后和离岗时的职业健康检查，将检查结果书面如实告知从业人员并归档，对检查结果异常的从业人员，应及时就医，并定期复查。高速公路运营单位不应安排未经职业健康检查的从业人员从事接触职业病危害的作业；不应安排有职业禁忌的从业员从事禁忌作业。从业人员的职业健康监护应符合《职业健康监护技术规范》（GBZ 188—2014）的规定	1.《企业安全生产标准化基本规范》（GB/T 33000—2016）第 5.4.2.1 条。 2.《企业安全生产标准化基本规范》（GB/T 33000—2016）第 5.4.2.2 条。 3.《企业安全生产标准化基本规范》（GB/T 33000—2016）第 5.4.3.1 条

附表 1-12

连续上坡路段风险辨识评估分级清单

序号	风险点	风险事件（事故类型）	致险因素	风险等级	控制措施	引用标准 / 规范
1	交通标志	物体打击 车辆伤害	1. 交通标志设置不合理。 2. 标志板、支柱、连接件、基础等标志部件缺损且功能不正常。 3. 标志明显歪斜、变形，钢构件明显剥落、锈蚀。 4. 标志面不平整，明显褪色、污损、起泡、起皱、裂纹、剥落等病害。 5. 标志的图案、字体、颜色等不符合《道路交通标志和标线　第 2 部分：道路交通标志》（GB 5768.2—2022）标准要求。 6. 反光交通标志未具有良好的夜间视认性。 7. 当道路交通条件发生变化时， 相关标志的设置未及时调整。 8. 标志使用中被树木或其他物体等遮挡。 9. 标志板背面用作宣传、广告，标志板颜色鲜艳有眩光	一般	1. 应保持交通标志设置合理、结构安全，版面内容整洁、清晰。 2. 应及时修补标志板、支柱、连接件、基础等标志部件。 3. 应及时调整更换歪斜、变形标志，对明显剥落、锈蚀钢构件应及时更换。 4. 应及时调整更换不平整、明显褪色、污损、起泡、起皱、裂纹、剥落等病害的标志。 5. 应及时调整更换标志的图案、字体、颜色等，并符合《道路交通标志和标线　第 2 部分：道路交通标志》（GB 5768.2—2022）标准中要求。 6. 应及时调整更换反光交通标志保持良好的夜间视认性。 7. 当道路交通条件发生变化时，应及时调整相关标志的设置。 8. 标志使用中如被树木或其他物体遮挡，应及时清除，保持良好的视认性。 9. 标志板背面不应用作宣传、广告；标志板颜色应为灰色、黑色或金属原色并避免眩光	1.《公路养护技术规范》（JTG H10—2009）第 9.2.2 条。 2. 道路交通标志和标线　第 2 部分：道路交通标志（GB 5768.2—2022）第 4.9.3 条。 3. 道路交通标志和标线　第 2 部分：道路交通标志（GB 5768.2—2022）第 4.9.5 条。 4. 道路交通标志和标线　第 2 部分：道路交通标志（GB 5768.2—2022）第 4.9.7 条
2	交通标线	车辆伤害	1. 未有良好的可视性，边缘不整齐、线形不流畅，有大面积脱落。 2. 颜色、线形等不符合相关标准要求。 3. 反光标线不具有良好的夜间视认性。 4. 重新画设的标线应与旧标线未重合	一般	1. 具有良好的可视性，边缘整齐、线形流畅，无大面积脱落对破损严重和脱落的标线应及时补划。 2. 颜色、线形等应符合相关标准要求对不符合的标线应及时补划。 3. 应及时调整更换反光标线保持良好的夜间视认性。 4. 应及时补划重新画设的标线应与旧标线基本重合	《公路养护技术规范》（JTG H10—2009）第 9.2.3 条

续上表

序号	风险点	风险事件（事故类型）	致险因素	风险等级	控制措施	引用标准/规范
3	爬坡车道	车辆伤害	1. 未设置爬坡车道。 2. 爬坡车道宽度小于 3.50m	一般	1. 高速公路、一级公路以及二级公路的连续上坡路段，当通行能力、运行安全受到影响时，应设置爬坡车道。 2. 爬坡车道宽度应调整为 3.50m	《公路工程技术标准》（JTG B01—2014）第 4.0.8 条

连续下坡路段风险辨识评估分级清单

附表 1-13

序号	风险点	风险事件（事故类型）	致险因素	风险等级	控制措施	引用标准/规范
1	交通标志	物体打击 车辆伤害	1. 交通标志设置不合理。 2. 标志板、支柱、连接件、基础等标志部件缺损且功能不正常。 3. 标志应明显歪斜、变形，钢构件明显剥落、锈蚀。 4. 标志面不平整，明显褪色、污损、起泡、起皱、裂纹、剥落等病害。 5. 标志的图案、字体、颜色等不符合《道路交通标志和标线 第 2 部分：道路交通标志》（GB 5768.2—2022）标准要求。 6. 反光交通标志未具有良好的夜间视认性。 7. 当道路交通条件发生变化时，相关标志的设置未及时调整。 8. 标志使用中被树木或其他物体等遮挡。 9. 标志板背面用作宣传、广告，标志板颜色鲜艳有眩光	一般	1. 应保持交通标志设置合理、结构安全，版面内容整洁、清晰。 2. 应急时修补标志板、支柱、连接件、基础等标志部件。 3. 应及时调整更换歪斜、变形标志，对明显剥落、锈蚀钢构件应及时更换。 4. 应及时调整更换不平整、明显褪色、污损、起泡、起皱、裂纹、剥落等病害的标志。 5. 应及时调整更换标志的图案、字体、颜色等，并符合《道路交通标志和标线 第 2 部分：道路交通标志》（GB 5768.2—2022）标准中要求。 6. 应及时调整更换反光交通标志保持良好的夜间视认性。 7. 当道路交通条件发生变化时，应及时调整相关标志的设置。 8. 标志使用中如被树木或其他物体遮挡，应及时清除，保持良好的视认性。 9. 标志板背面不应用作宣传、广告；标志板颜色应为灰色、黑色或金属原色并避免眩光	1.《公路养护技术规范》（JTG H10—2009）第 9.2.2 条。 2. 道路交通标志和标线 第 2 部分：道路交通标志（GB 5768.2—2022）第 4.9.3 条。 3. 道路交通标志和标线 第 2 部分：道路交通标志（GB 5768.2—2022）第 4.9.5 条。 4.《道路交通标志和标线 第 2 部分：道路交通标志》（GB 5768.2—2022）第 4.9.7 条

续上表

序号	风险点	风险事件（事故类型）	致险因素	风险等级	控制措施	引用标准 / 规范
2	交通标线	车辆伤害	1. 未有良好的可视性，边缘不整齐、线形不流畅，有大面积脱落。 2. 颜色、线形等不符合相关标准要求。 3. 反光标线不具有良好的夜间视认性。 4. 重新画设的标线未与旧标线重合	一般	1. 交通标线应具有良好的可视性，边缘整齐、线形流畅，无大面积脱落，对破损严重和脱落的标线应及时补划。 2. 颜色、线形等应符合相关标准要求，对不符合的标线应及时补划。 3. 应及时调整更换反光标线，保持良好的夜间视认性。 4. 及时补划重新画设的标线，应与旧标线基本重合	《公路养护技术规范》（JTG H10—2009）第 9.2.3 条
3	护栏	车辆伤害 高处坠落	1. 波形梁钢护栏的结构不合理，护栏板、立柱、柱帽、防阻块（托架）、坚固件等部件缺损。 2. 护栏质量不符合相关标准要求。 3. 护栏的防腐层明显脱落，护栏锈蚀。 4. 护栏板搭接方向错误，螺栓松动。 5. 护栏安装线形明显变形、扭转、倾斜。 6. 水泥混凝土护栏线形不顺畅、结构不合理。 7. 水泥混凝土护栏明显裂缝、掉角、破损等缺陷。 8. 水泥混凝土护栏使用的水泥、砂、石、水、外加剂、钢筋等材料质量不符合相关标准、规范及设计要求。 9. 水泥混凝土护栏的几何尺寸、地基强度、埋置深度，以及各块件之间、护栏与基础之间的连接不符合设计要求。 10. 护栏标准段、护栏过渡段、中央分隔带开口、防撞端头及防撞垫的防护等级不满足现行《公路护栏安全性能评价标准》(JTG B05—01) 的相关要求。 11. 冬季风雪较大的地区，未选择少阻雪的护栏形式	较大	1. 保持波形梁钢护栏的结构合理、安全可靠，护栏板、立柱、柱帽、防阻块（托架）、坚固件等部件应完整、无缺损。 2. 应及时调整更换质量不符合相关标准要求的护栏。 3. 应及时维修更换防腐层明显脱落、锈蚀的护栏。 4. 护栏板搭接方向正确，螺栓坚固。 5. 护栏安装线形顺畅，无明显变形、扭转、倾斜。 6. 保持水泥混凝土护栏线形顺畅、结构合理。 7. 水泥混凝土护栏应无明显裂缝、掉角、破损等缺陷。 8. 水泥混凝土护栏使用的水泥、砂、石、水、外加剂、钢筋等材料质量应符合相关标准、规范及设计要求。 9. 水泥混凝土护栏的几何尺寸、地基强度、埋置深度，以及各块件之间、护栏与基础之间的连接应符合设计要求。 10. 护栏标准段、护栏过渡段、中央分隔带开口、防撞端头及防撞垫的防护等级应满足现行《公路护栏安全性能评价标准》(JTG B05—01) 的相关要求。 11. 冬季风雪较大的地区，宜选择少阻雪的护栏形式	1.《公路养护技术规范》（JTG H10—2009）第 9.2.6 条。 2.《公路交通安全设施设计规范》（JTG D81—2017）第 6.1.3 条。 3.《公路交通安全设施设计规范》（JTG D81—2017）第 6.2.19 条

续上表

序号	风险点	风险事件（事故类型）	致险因素	风险等级	控制措施	引用标准/规范
4	避险车道	车辆伤害	1. 避险车道设置位置不符合设置原则。 2. 避险车道制动床材料滚动阻力系数低、陷落度差、板结、材料厚度设置不规范。 3. 排水系统损坏。 4. 照明设施损坏。 5. 制动床末端防撞桶、废轮胎等缓冲装置或设施损坏、缺失	较大	1. 在连续下坡路段，应根据车辆组成、坡度、坡长、平曲线等公路线形和交通特征以及交通事故等因素，在货车因长时间连续制动而制动失效风险高的路段结合路侧环境确定是否设置避险车道以及具体设置位置。 2. 避险车道制动床材料宜采用具有较高滚动阻力系数、陷落度较好、不易板结和被雨水冲刷的卵（砾）石材料，材料粒径以 2 ~ 4cm 为宜。 3. 定期对排水系统进行检查维护，避免以避免制动床冻结和制动床基底的污染。 4. 定期对照明设施进行检查维护和更新。 5. 定期对避险车道末端缓冲装置进行检查维护和更新	1.《公路交通安全设施设计规范》（JTG D81—2017）第 11.1.2 条。 2.《公路交通安全设施设计规范》（JTG D81—2017）第 11.1.3 条。 3.《公路交通安全设施设计规范》（JTG D81—2017）第 11.2.1 条。 4.《公路交通安全设施设计规范》（JTG D81—2017）第 11.2.7 条。 5.《公路交通安全设施设计规范》（JTG D81—2017）第 11.2.8 条
5	监控设施	车辆伤害	1. 未按《高速公路监控技术要求》布设监控设施。 2. 监视设施未选用低照度、宽动态的摄像机，整个长下坡路段存在监视盲区	较小	1. 长下坡避险车道的监控设施主要由避险车道事故自动检测设施、监视设施、信息发布设施、避险车道控制设施报警装置等组成。 2. 监视设施应选用低照度、宽动态的摄像机，对整个避险车道进行监视，整个长下坡路段宜（包括避险车道）要求无盲区监视	《高速公路监控技术要求》（交通运输部公告 2012 年第 3 号）第 5.5.2 条

续上表

序号	风险点	风险事件（事故类型）	致险因素	风险等级	控制措施	引用标准/规范
6	货车检查站	车辆伤害	1. 货车检查站出入口不满足识别视距要求。 2. 货车检查站变速车道的长度、横断面、端部设计不符合相关规定。 3. 货车检查站的用地规模和停车场地的面积未根据需求和实际条件确定	一般	1. 货车检查站出入口应满足《公路路线设计规范》（JTG D20—2017）识别视距要求，距隧道口、互通立交宜大于1km。 2. 货车检查站变速车道的长度、横断面、端部设计宜符合《公路路线设计规范》（JTG D20—2017）中互通立交的相关规定，条件受限时，应增加必要的限速控制等交通管理措施。 3. 货车检查站的用地规模和停车场地的面积根据需求和实际条件确定，可设置管理用房、停车场、室内或室外休息区、加水点、货车制动力检测设施	《提升公路连续长陡下坡路段安全通行能力专项行动技术指南》第3.3.1条

特大桥梁（悬索桥）风险辨识评估分级清单

附表1-14

序号	风险点	风险事件（事故类型）	致险因素	风险等级	控制措施	引用标准/规范
1	永久性控制监测点	其他伤害	1. 未设置永久观测点。 2. 永久观测点的设置未牢固可靠	较大	1. 单孔跨径不小于60m的桥梁，应设立永久观测点，定期进行控制检测。 2. 桥梁永久观测点的设置应牢固可靠	《公路桥涵养护规范》（JTG 5120—2021）第3.5.3条
2	索塔	坍塌	1. 索塔表面污垢。 2. 混凝土孔洞、破损、剥落、表面风化以及裂缝	较大	1. 及时清除表面污垢。 2. 混凝土孔洞、破损、剥落、表面风化以及裂缝应及时修补	《公路养护技术规范》（JTG H10—2009）第5.3.1条
3	锚碇	坍塌	1. 锚碇表面有青苔、杂草、灌木和污物。 2. 锚室内的温度、湿度不符合设计要求；锚室内通风、照明、除湿系统运转异常。	较大	1. 保持锚碇内外清洁，及时清除锚碇表面的青苔、杂草、灌木和污物。 2. 锚室内的温度、湿度应符合设计要求；保持锚室内通风、照明、除湿系统运转正常，出现异常应及时检查维修。	《公路桥涵养护规范》（JTG 5120—2021）第4.9.2条

续上表

序号	风险点	风险事件（事故类型）	致险因素	风险等级	控制措施	引用标准 / 规范
3	锚碇	坍塌	3. 锚碇的防排水系统异常工作，锚室内有渗水、积水。 4. 锚碇混凝土出现剥落、蜂窝、麻面、裂缝、露筋等病害。 5. 锚碇及散索鞍、锚固区附近出现裂缝	较大	3. 保持锚碇的防排水系统正常工作，锚室内有渗水、积水时，应查明原因，及时排出积水，并对锚碇的防排水系统进行维修或改造。 4. 锚碇混凝土出现剥落、蜂窝、麻面、裂缝、露筋等病害时，应及时维修处治。 5. 锚碇及散索鞍、锚固区附近出现裂缝时，应及时维修加固	《公路桥涵养护规范》（JTG 5120—2021）第 4.9.2 条
4	主缆	坍塌	1. 主缆表面积冰、尘土和油污。 2. 主缆防护表面损坏。 3. 主缆内部积水、渗水。 4. 主缆索股损坏。 5. 采用涂敷油脂防锈并用简易包裹做防护层未定期更换油脂及防护层。 6. 缠丝的漆膜有损坏（开裂、碎片等）或分层剥落。 7. 缠丝断裂散开。	重大	1. 保持主缆清洁，及时清除其表面的积冰、尘土和油污。 2. 主缆防护层有开裂、剥落时，应尽快修复。 3. 主缆内部应保持干燥状态，存在积水、渗水时应及时将水排出，通过特殊检查后及时采取处治措施，必要时应检查主缆钢丝是否锈蚀，并及时处治。 4. 防止主缆索股的锚头、锚杆、裸露索股、分索器、散索鞍等处发生锈蚀。发现涂装剥落、锈蚀应及时处治。应及时清除表面尘垢、积水，定期涂刷防腐涂装、更换防腐油脂。 5. 主缆采用涂敷油脂防锈并用简易包裹做防护层时，应定期更换油脂及防护层，保持其完好状态。 6. 缠丝的漆膜有损坏（开裂、碎片等）或分层剥落时，应重新涂装。 7. 缠丝断裂散开时，应先观察主缆是否锈蚀，待除锈后重新缠丝、油漆，保证主缆防护层完好。	《公路桥涵养护规范》（JTG 5120—2021）第 4.7.1 条

续上表

序号	风险点	风险事件（事故类型）	致险因素	风险等级	控制措施	引用标准/规范
4	主缆	坍塌	8. 主缆存在锈蚀或断丝。 9. 主缆线形不满足设计要求。 10. 主缆存在线形变化	重大	8. 主缆存在锈蚀或断丝时，应对主缆进行特殊检查，根据腐蚀和断丝情况，研究确定采用局部重新缠丝或更换；对于裂纹扩展至 50% 直径以上，或腐坑已消减截面 50% 以上的主缆钢丝，应考虑更换；主缆断丝较多时，应经过详细计算后采取降低荷载等级或加固、更换主缆等措施，保证结构的安全性。 9. 主缆线形应满足设计要求，各索股的受力应保持均匀。经检查个别索股受力出现明显偏差、松弛或过紧时，应进行调整。 10. 主缆存在线形变化时，应研究、分析原因，可考虑对主缆线形进行适当调整	《公路桥涵养护规范》（JTG 5120—2021）第 4.7.1 条
5	吊索、索夹、索鞍	物体打击	1. 十字撑（减振架）与吊索连接部位的尘垢、积水。 2. 吊索系统各构件涂层损坏。 3. 索夹及其螺杆的涂装有开裂、剥落，或索夹上缝隙间及索夹端部的填缝料有开裂、剥落。 4. 索夹的紧固螺栓松动。 5. 索夹腐蚀严重，或夹壁、耳板开裂、或螺杆、螺母、垫圈经评估需要更换。 6. 索夹发生滑移。	重大	1. 经常清除十字撑（减振架）与吊索连接部位的尘垢、积水，保持防锈涂层完好。 2. 定期对吊索系统各构件涂刷防锈漆，始终保持涂层完好。 3. 索夹及其螺杆的涂装有开裂、剥落，或索夹上缝隙间及索夹端部的填缝料有开裂、剥落时，应及时修复。 4. 索夹的紧固螺栓应保持在合理的受力状态，不得松动；有松动时应及时紧固。 5. 索夹腐蚀严重，或夹壁、耳板开裂，或根据检查评估结果认为索夹不能继续使用时，应更换索夹；索夹螺杆、螺母、垫圈经评估需要更换时，应逐个更换。 6. 索夹发生滑移时，应予以恢复。	1.《公路桥涵养护规范》（JTG 5120—2021）第 4.7.2 条。 2.《公路桥涵养护规范》（JTG 5120—2021）第 4.7.3 条

续上表

序号	风险点	风险事件（事故类型）	致险因素	风险等级	控制措施	引用标准／规范
5	吊索、索夹、索鞍	物体打击	7. 主索鞍、散索鞍表面存在尘土、杂物、积水（雪）。 8. 主索鞍紧固鞍座的螺栓及鞍座上加紧主缆的螺杆、螺帽有松动、锈蚀。 9. 索鞍防护罩损坏。 10. 全铸、全焊、铸焊结合的鞍座局部出现裂纹	重大	7. 及时清除主索鞍、散索鞍表面的尘土、杂物、积水（雪）；发现锈蚀应及时除锈并重新涂刷防锈漆；索鞍的辊轴或滑板应保持正常工作状态。 8. 主索鞍紧固鞍座的螺栓及鞍座上加紧主缆的螺杆、螺帽有松动时，应及时拧紧；有锈蚀时，应除锈并重新涂刷防锈漆。 9. 保持索鞍防护罩完好。防护罩内有除湿设备的应保持除湿设备工作正常，出现故障应及时维修；防护罩内填充油脂应定期补充油脂。 10. 全铸、全焊、铸焊结合的鞍座局部出现裂纹时，可采取钻孔止裂、磨除（浅层椭圆裂纹）、补焊等措施进行处理。索鞍根部或散索鞍摇臂下部出现较严重裂纹且无法修补时，应更换鞍座	1.《公路桥涵养护规范》（JTG 5120—2021）第 4.7.2 条。 2.《公路桥涵养护规范》（JTG 5120—2021）第 4.7.3 条
6	加劲梁	坍塌	1. 加劲梁开裂。 2. 加劲梁存在表观缺陷。 3. 梁体受水侵蚀。 4. 钢结构外观污损。 5. 钢结构涂装防锈失效。 6. 钢构件连接螺栓松动、缺失。	较大	1. 梁开裂时，应视裂缝性质和影响程度，及时采取相应处治措施。 2. 梁存在表观缺陷时，应予维修。 3. 梁体受水侵蚀时，应采取必要的截水措施。 4. 钢结构外观应保持清洁，并保持泄水孔或排水槽通畅。 5. 钢结构应定期进行涂装防锈。油漆失效区域应及时除锈补漆。钢结构杆件在维修后，应及时涂漆防锈。 6. 构件连接螺栓有松动、缺失时，应及时拧紧、补充，对高强螺栓，必须施加设计的预加力。	1.《公路桥涵养护规范》（JTG 5120—2021）第 4.3.1 条。 2.《公路桥涵养护规范》（JTG 5120—2021）第 4.5.1 条

续上表

序号	风险点	风险事件（事故类型）	致险因素	风险等级	控制措施	引用标准／规范
6	加劲梁	坍塌	7. 钢构件裂纹或异常变形。 8. 焊接连接的构件，焊缝处发现裂纹、气孔、未熔合、夹渣、未填满、弧坑等缺陷	较大	7. 钢构件出现裂纹或异常变形时，应进行特殊检查评估并及时加固处治。 8. 焊接连接的构件，焊缝处发现裂纹、气孔、未熔合、夹渣、未填满、弧坑等缺陷时，应进行返修焊，焊后的焊缝应打磨匀顺	1.《公路桥涵养护规范》（JTG 5120—2021）第4.3.1条。 2.《公路桥涵养护规范》（JTG 5120—2021）第4.5.1条
7	约束体系和伸缩装置	车辆伤害	1. 伸缩装置的缝内积土、垃圾等杂物。 2. 钢板伸缩装置的钢板变形、翘曲、脱落。 3. 橡胶条伸缩装置的橡胶条老化、脱落，固定角钢变形、松动	较大	1. 应经常清除伸缩装置的缝内积土、垃圾等杂物，使其发挥正常作用。 2. 钢板（梳齿型）伸缩装置的钢板开焊时，应及时补焊；螺栓松动、脱落时，应及时维修。 3. 伸缩装置的密封橡胶带（止水带）损坏后，应及时更换。密封橡胶带的选择，应满足其规格和性能要求	《公路桥涵养护规范》（JTG 5120—2021）第4.2.5条
8	桥梁护栏	高处坠落 物体打击 车辆伤害	1. 桥梁护栏设置不符合《公路交通安全设施设计规范》（JTG D81—2017）规定的原则。 2. 桥梁护栏的防护等级选取不符合《公路交通安全设施设计规范》规定。 3. 桥梁护栏形式选择不符合规定。	一般	1. 桥梁护栏和栏杆设置应遵循《公路交通安全设施设计规范》（JTG D81—2017）规定的原则。 2. 桥梁护栏设置应根据车辆驶出桥外或进入对向车行道可能造成的事故严重程度等级等规范要求，选取桥梁护栏的防护等级。 3. 所选取的护栏形式在强度上必须能有效吸收设计碰撞能量，阻挡小于设计碰撞能量的车辆越出桥外或进入对向车行道并使其正确改变行驶方向；桥梁护栏受碰撞后，其最大动态位移外延值或大中型车辆的最大动态外倾当量值不应超过护栏迎撞面与被防护的障碍物之间的距离；符合环境和景观要求等。	1.《公路交通安全设施设计规范》（JTG D81—2017）第6.3.1条。 2.《公路交通安全设施设计规范》（JTG D81—2017）第6.3.2条。 3.《公路交通安全设施设计规范》（JTG D81—2017）第6.3.3条。

续上表

序号	风险点	风险事件（事故类型）	致险因素	风险等级	控制措施	引用标准/规范
8	桥梁护栏	车辆伤害	4. 桥梁护栏的构造不符合规定。 5. 桥梁护栏与桥面板未进行可靠连接。 6. 桥梁护栏与路基护栏的结构形式不同时，未进行过渡段设计。 7. 高速公路、一级公路及作为干线的二级公路的桥梁与隧道衔接处，桥梁护栏未进行过渡段设计。 8. 护栏损坏未及时恢复。 9. 护栏钢构件未定期涂装	一般	4. 桥梁护栏的构造应符合《公路交通安全设施设计规范》（JTG D81—2017）规定。 5. 桥梁护栏与桥面板进行可靠连接。 6. 桥梁护栏与路基护栏的结构形式不同时，应进行过渡段设计。 7. 高速公路、一级公路及作为干线的二级公路的桥梁与隧道衔接处，桥梁护栏应进行过渡段设计。 8. 护栏各构件应牢固并保持完好状态，有损坏时应及时维修或更换。 9. 钢护栏及钢筋混凝土护栏上的外露钢构件应根据环境条件定期涂装	4.《公路交通安全设施设计规范》（JTG D81—2017）第6.3.4条。 5.《公路交通安全设施设计规范》（JTG D81—2017）第6.3.7条。 6.《公路交通安全设施设计规范》（JTG D81—2017）第6.3.8条。 7.《公路交通安全设施设计规范》（JTG D81—2017）第6.3.9条。 8.《公路桥涵养护规范》（JTG 5120—2021）第4.2.3条
9	养护、检修通道	高处坠落 物体打击	1. 检修通道不牢固。 2. 构件松动、锈蚀、弯曲扭转等。	一般	1. 保持检修道牢固、完好。 2. 主梁、主缆、拱圈、桥塔、墩台等检修通道的扶手、栏杆、爬梯、平台、盖板、承重件等钢构件有锈蚀时，应及时除锈并涂刷防锈漆；锚固件有松动时，应及时紧固；撑杆等杆件有弯曲扭转时，应予以校正或更换。	《公路桥涵养护规范》（JTG 5120—2021）第4.11.5条

续上表

序号	风险点	风险事件（事故类型）	致险因素	风险等级	控制措施	引用标准/规范
9	养护、检修通道	高处坠落 物体打击	3. 主梁检查桁车轨道与主梁的连接有松动；检查桁车的行走系统、驱动系统、电气系统等，未根据生产厂家提供的使用说明书进行日常养护工作。 4. 桥塔内、箱梁内的照明系统异常。 5. 爬梯、工作电梯、观光电梯未定期保养。 6. 检查门损坏	一般	3. 主梁检查桁车的养护与维修应符合下列规定： （1）检查桁车应定期检查，保持清洁、完好； （2）轨道与主梁的连接有松动时，应及时拧紧或维修； （3）检查桁车的行走系统、驱动系统、电气系统等，应根据生产厂家提供的使用说明书进行日常养护工作。 4. 应保持桥塔内、箱梁内的照明系统处于正常工作状态。 5. 爬梯、工作电梯、观光电梯应定期保养，包括除锈、涂漆、修理损坏的构件等。工作电梯、观光电梯应按生产厂家提供的有关规定或行业规定进行保养。 6. 应及时维修更换损坏的检查门	《公路桥涵养护规范》（JTG 5120—2021）第4.11.5条
10	桥梁附属设施	高处坠落 物体打击	1. 防撞、导航、警示标志等附属设施损坏。 2. 桥梁避雷装置损坏；避雷针接地线附近堆放物品或修建设施；严禁挖掘地线的覆土，未采取防冲刷措施；雷雨季节未对避雷针和引下线及地线进行检查。 3. 防抛网缺损；桥梁防抛网的锚固区缺陷。 4. 声屏障未保持整洁完好、安装不牢固，影响桥梁结构安全；声屏障的锚固区缺陷	一般	1. 应及时维修更换损坏的防撞、导航、警示标志等附属设施。 2. 桥梁避雷装置应保持完好；避雷针接地线附近严禁堆放物品和修建设施；严禁挖掘地线的覆土，并应采取防冲刷措施；在雷雨季节前，应对避雷针和引下线及地线进行检查，发现缺损必须及时修理。 3. 防抛网应清洁、完整、有效，有缺损应及时维修；应经常检查桥梁防抛网的锚固部位，及时修复锚固区缺陷。对存在安全隐患的防抛网应及时更换。 4. 声屏障应保持整洁完好、安装牢固，并不得影响桥梁结构安全。应经常检查声屏障的锚固位置，及时修复锚固区缺陷	1.《公路桥涵养护规范》（JTG 5120—2021）第4.11.1条。 2.《公路桥涵养护规范》（JTG 5120—2021）第4.11.2条。 3.《公路桥涵养护规范》（JTG 5120—2021）第4.11.3条。 4.《公路桥涵养护规范》（JTG 5120—2021）第4.11.4条

附表 1-15

特长隧道和隧道群路段风险辨识评估分级清单

序号	风险点	风险事件（事故类型）	致险因素	风险等级	控制措施	引用标准 / 规范
1	洞口截排水沟	坍塌 车辆伤害	排水沟内有堆积物	一般	及时清除堆积物，保持洞口边沟和边仰坡上截（排）水沟的完好、畅通	《公路隧道养护技术规范》（JTG H12—2015）第 4.6.3 条
2	洞口危石	物体打击	危石未准确排查或排查未处理	一般	应及时清除洞口边仰坡上的危石	《公路隧道养护技术规范》（JTG H12—2015）第 4.6.3 条
3	洞口棚洞	其他伤害	隧道洞口连接的棚洞，建筑限界应与隧道建筑限界不相同	较小	棚洞建筑限界应满足隧道建筑限界的基本要求，隧道洞口连接的棚洞，建筑限界应与隧道建筑限界相同	《公路隧道设计规范　第一册　土建工程》（JTG 3370.1—2018）第 11.5.3 条
4	洞口联络带	车辆伤害	联络通道隔离设施损坏，路面不清洁、有隆起积水	一般	应通过经常检查和定期检查联络通道隔离设施是否完好，路面是否清洁、有无隆起积水等异常情况	《公路隧道养护技术规范》（JTG H12—2015）第 6.4.3 条
5	洞门结构	物体打击、坍塌	结构开裂、倾斜、沉陷、错台、起层、剥落、渗漏水（挂冰）	较大	应通过经常检查，及时发现早期缺损、显著病害或其他异常情况，确定对策措施	《公路隧道养护技术规范》（JTG H12—2015）第 4.4.3 条
6	衬砌结构	物体打击、坍塌	1. 衬砌起层、剥离。 2. 衬砌裂缝。 3. 衬砌渗漏水。 4. 冬季洞顶挂冰	较大	1. 对有衬砌隧道出现的衬砌起层、剥离，应及时清除。 2. 应及时修补衬砌裂缝，并设立观测标记进行跟踪观测。 3. 对衬砌的渗漏水应接引水管，将水导入边沟。 4. 冬季应及时清除洞顶挂冰	《公路隧道养护技术规范》（JTG H12—2015）第 4.6.7 条
7	路面平整度	车辆伤害	落物、油污；滞水或结冰；路面拱起、坑槽、开裂、错台等	一般	应通过经常检查，及时发现早期缺损、显著病害或其他异常情况，确定对策措施	《公路隧道养护技术规范》（JTG H12—2015）第 4.4.3 条
8	路面抗滑性能	车辆伤害	1. 隧道路面抗滑性能不满足《公路工程技术标准》（JTG B01—2014）规定，洞内、外衔接路段路面设计抗滑性能不一致。 2. 路面积水、结冰溜滑	较大	1. 隧道路面应具有足够的抗滑性能，洞内、外衔接路段路面设计抗滑性能应一致。 2. 应及时处理路面渗漏水，将水引入边沟排出，防止路面积水或结冰	1.《公路工程技术标准》（JTG B01—2014）第 8.0.1 条。 2.《公路隧道养护技术规范》（JTG H12—2015）第 4.6.8 条

续上表

序号	风险点	风险事件（事故类型）	致险因素	风险等级	控制措施	引用标准/规范
9	检修道及盖板	高处坠落物体打击	1. 检修道不平整，检修道积水，道板破损、翘曲或缺失。 2. 栏杆变形、锈蚀、缺损。 3. 盖板缺损	一般	1. 应保持检修道平整、完好和畅通，检修道不得积水，当道板有破损、翘曲或缺失时，应及时进行修复和补充。 2. 应定期保养检修道护栏，护栏应保持完好、清洁、坚固、无锈蚀，立柱正直无摇动现象，横杆连接牢固，当有缺损时，应及时恢复。 3. 应及时修复、更换损坏的窨井盖或其他设施盖板	1.《公路隧道养护技术规范》（JTG H12—2015）第 4.6.8 条。 2.《公路隧道养护技术规范》（JTG H12—2015）第 4.6.14 条
10	紧急停车带	车辆伤害	1. 未设置紧急停车带。 2. 紧急停车带宽度不符合要求。 3. 紧急停车带长度及有效长度不符合要求。 3. 紧急停车带横坡不符合要求。 4. 单向行车隧道紧急停车带设置间距不符合要求。 5. 双向行车隧道紧急停车带未设置两侧交错	一般	1. 特长隧道、长隧道内不设硬路肩或硬路肩宽度小于 2.5m 时，单洞两车道隧道应设紧急停车带，单洞三车道隧道宜设紧急停车带，单洞四车道隧道可不设紧急停车带。 2. 紧急停车带宽度为向行车方向右侧加宽不小于 3.0m，且紧急停车带宽度与右侧侧向宽度之和不应小于 3.5m。 3. 紧急停车带长度不宜小于 50m，其中有效长度不应小于 40m。 4. 紧急停车带横坡可取 0~1.0%。 5. 单向行车隧道紧急停车带设置间距不宜大于 750m，并不应大于 1000m。 6. 双向行车隧道紧急停车带应两侧交错设置，同一侧间距宜采用 800~1200mm，并不应大于 1500m	1.《公路隧道设计规范　第一册　土建工程》（JTG 3370.1—2018）第 4.4.5 条。 2.《公路隧道设计规范　第一册　土建工程》（JTG 3370.1—2018）第 4.4.6 条
11	车行横通道	车辆伤害	1. 车行横通道限界宽度小于 4.5m，限界高度应与主洞限界高度不一致。 2. 车行横通道有杂物和积水	一般	1. 车行横通道限界宽度不得小于 4.5m，限界高度应与主洞限界高度一致。 2. 隧道横通道应定期清除杂物和积水	1.《公路隧道设计规范　第一册　土建工程》（JTG 3370.1—2018）第 4.5.1 条。 2.《公路隧道养护技术规范》（JTG H12—2015）第 4.3.6 条

续上表

序号	风险点	风险事件（事故类型）	致险因素	风险等级	控制措施	引用标准/规范
12	人行横通道	其他伤害	1. 人行横通道有杂物和积水。 2. 人行横通道内有散落杂物，结构轻微破损。 3. 横通道门损坏。 4. 人行横通道规格不达标	较小	1. 隧道横通道应定期清除杂物和积水。 2. 横通道内严禁存放任何非救援用物品，应及时清除散落杂物，修复轻微破损结构。 3. 应定期保养横通道门，保证横通道清洁、畅通。 4. 人行横通道限界宽度不得小于 2.0m，限界高度不得小于 2.5m	1.《公路隧道养护技术规范》（JTG H12—2015）第 4.3.6 条。 2.《公路隧道养护技术规范》（JTG H12—2015）第 4.6.9 条。 3.《公路隧道设计规范 第一册 土建工程》（JTG 3370.1—2018）第 4.5.1 条
13	排水设施	淹溺 坍塌 触电	1. 隧道内外排水设施破损或缺失。 2. 排水管堵塞。 3. 排水边沟、中心排水沟、沉沙池等排水设施中有堆积物。 4. 排水沟盖板和沟墙破损、翘曲的盖板。 5. 寒冷地区排水沟内结冰堵塞。 6. 排水的金属管道腐蚀	一般	1. 应保持隧道内外排水设施完好，发现破损或缺失应及时修复。 2. 排水管堵塞时，可用高压水或压缩空气疏通。 3. 应及时清理排水边沟、中心排水沟、沉沙池等排水设施中的堆积物。 4. 不定期检查排水沟盖板和沟墙，及时修复破损、翘曲的盖板。 5. 寒冷地区应及时清除排水沟内结冰堵塞。 6. 排水的金属管道应定期做好防腐处理	《公路隧道养护技术规范》(JTG H12—2015）第 4.6.12 条
14	照明设施	车辆伤害 触电	1. 未设置照明设施。 2. 隧道内照明亮度不满足设计要求。 3. 照明灯具的防护等级低于 IP65。 4. 应急照明系统故障	一般	1. 长度大于 100 m 的高速公路、一级公路隧道应设置照明设施。 2. 隧道内照明亮度应满足设计要求。 3. 照明灯具的防护等级应不低于 IP65。 4. 应急照明双电源回路中，模拟主供电路断电，应自动切换到备用供电线路上	1.《公路养护技术规范》（JTG H10—2009）第 6.5.2 条。 2.《公路隧道提质升级行动技术指南》第 3.2.1 条

续上表

序号	风险点	风险事件（事故类型）	致险因素	风险等级	控制措施	引用标准/规范
15	监控设施	火灾 爆炸 车辆伤害	1. 监控传感器、信息板及信号标识、监控室的各种监视设备损坏。 2. 特长隧道监控系统的软件维护不到位	一般	1.应加强对隧道内监控设施的日常检查，对隧道内各种监控传感器、信息板及信号标识、监控室的各种监视设备进行外观巡检，发现异常及时处治。 2. 高速公路、一级公路的长隧道和特长隧道，其他公路的特长隧道监控系统的软件维护每年应不少于两次，维护时应注意软件的修改完善，保障联运运行功能的实现和软件可靠性各项技术措施的落实，严格按操作规程或使用说明进行	《公路养护技术规范》（JTG H10—2009）第6.5.3条
16	消防设施	火灾	1. 未根据《公路隧道设计规范　第二册　交通工程与附属设施》（JTG D70—2004）要求设置消防给水管网及消防器材库等消防与救援设施。 2. 供水管道防冻不达标。 3. 灭火器设置不符合规范。 4. 防火门设置不符合标准。 5. 火灾探测器安装位置不符合标准	较大	1. 高速公路、一级公路的长隧道和特长隧道，应根据需要设置消防给水管网及消防器材库等消防与救援设施 2. 针对供水管道，对于太阳能资源丰富区域，可采用液体太阳能采暖系统。为了防止冬季夜间或阴雨雪天发生冻结，可采用间接加热系统，传热介质采用防冻液，并设置辅助电加热系统，确保采暖系统的可靠运行。 3. 手握式灭火器宜设置在挂钩、托架或灭火器箱内，其顶部地面高度不大于1.5m；底部离地面高度不宜小于0.15m。 4. 钢质防火门门框内应充填水泥砂浆。门框与墙体应用预埋钢件或膨胀螺栓等连接牢固，其固定点间距不宜大于600mm；钢质防火卷帘帘板两端挡板或防窜机构应装配牢固，卷帘运行时，相邻帘板窜动量不应大于2mm。 5. 火灾探测器宜水平安装，当确实需要倾斜安装时，倾斜角不应大于45°。感温火灾探测器的安装间距不应超过10m，感烟火灾探测器的安装间距不应超过15m；探测器至端墙的距离，不应大于探测器安装间距的1/2	1.《公路养护技术规范》（JTG H10—2009）第6.5.3条。 2.《公路养护技术规范》（JTG H10—2009）第11.2.6条。 3.《公路隧道提质升级行动技术指南》第7.4.1条。 4.《公路隧道提质升级行动技术指南》第7.4.4条。 5.《公路隧道提质升级行动技术指南》第7.3.1条

续上表

序号	风险点	风险事件（事故类型）	致险因素	风险等级	控制措施	引用标准 / 规范
17	通风设施	中毒窒息	1. 送（排）风口的网罩堵塞。 2. 风道板吊杆锈蚀或损坏。 3. 风口或风道的破损	较大	1. 应清理送（排）风口的网罩，清除堵塞网眼的杂物。 2. 应定期保养风道板吊杆，防止其锈蚀或损坏。 3. 应及时修复风口或风道的破损，更换损坏的风道板	《公路隧道养护技术规范》（JTG H12—2015）第 4.6.11 条
18	紧急呼叫设施	车辆伤害	未根据《公路隧道设计规范　第二册　交通工程与附属设施》（JTG D70—2004）设置紧急电话、报警装置	一般	高速公路、一级公路的长隧道和特长隧道，应根据需要设置紧急电话、报警装置	《公路养护技术规范》（JTG H10—2009）第 6.5.3 条
19	洞口护栏过渡	车辆伤害	护栏过渡段的设计不符合规定	一般	高速公路、一级公路及作为干线的二级公路的隧道出入口等位置，护栏应进行过渡段设计；当护栏安装在路边时，应在路边护栏与桥上护栏之间进行过渡段的连接设计。如果在道路一侧没有安全护栏，则可以根据道路一侧护栏的设置条件来设计过渡段	1.《公路交通安全设施设计规范》（JTG D81—2017）第 6.2.15 条。 2.《公路交通安全设施设计规范》（JTG D81—2017）第 6.1.3 条
20	洞内交通转换带	车辆伤害	1. 路面存在散落物、严重隆起、错台、断裂等现象。 2. 横通道洞门设置、洞口段结构设计不符合《公路隧道设计规范　第一册　土建工程》（JTG 3370.1—2018）第 7 章、第 8 章的相关规定	一般	1. 日常巡查应对路面是否处在正常工作状态、是否妨碍交通安全等进行检查，隧道路面是否存在散落物、严重隆起、错台、断裂等现象。 2. 横通道洞门设置、洞口段结构设计应符合《公路隧道设计规范　第一册　土建工程》（JTG 3370.1—2018）第 7 章、第 8 章的相关规定	1.《公路隧道养护技术规范》（JTG H12—2015）第 4.4.3 条。 2.《公路隧道设计规范 第一册 土建工程》（JTG 3370.1—2018）第 12.4.7 条

续上表

序号	风险点	风险事件（事故类型）	致险因素	风险等级	控制措施	引用标准 / 规范
21	辅助通道（竖井、斜井、平行通道与横通道、风道及地下机房、交叉口）	中毒窒息	异物损伤通风设施或影响通风效果	较小	斜井、检修道及风道等辅助通道应定期清除可能损伤通风设施或影响通风效果的异物	《公路隧道养护技术规范》(JTG H12—2015）第 4.3.7 条
22	逆反射式标志	车辆伤害 物体打击	1. 逆反射式变形、破损，支柱弯曲、倾斜，连接构件松动。 2. 逆反射式标志锈蚀损坏、老化失效、缺失	较小	1. 应及时修补变形、破损的标牌，修复弯曲、倾斜的支柱，紧固松动的连接构件。 2. 对锈蚀损坏、老化失效的标志，应及时更换，缺失的应及时补充	《公路隧道养护技术规范》(JTG H12—2015）第 4.6.16 条
23	发光式标志	车辆伤害 物体打击	1. 发光式标志变形、破损，支柱弯曲、倾斜，连接构件松动。 2. 发光式标志锈蚀损坏、老化失效、缺失	较小	1. 应及时修补变形、破损的标牌，修复弯曲、倾斜的支柱，紧固松动的连接构件。 2. 对锈蚀损坏、老化失效的标志，应及时更换，缺失的应及时补充	《公路隧道养护技术规范》(JTG H12—2015）第 4.6.16 条
24	可变信息标志	车辆伤害 物体打击	1. 未按《高速公路监控技术要求》设置可变信息标志。 2. 可变信息标志与安全标志牌或其他设施相互遮挡。 3. 可变信息标志锈蚀损坏、老化失效、缺失，支柱弯曲、倾斜，连接构件松动	一般	1. 高速公路监控系统外场设备规模为 A1 等级隧道群、长下坡路段宜设置可变信息标志；规模为 A2 等级隧道群、桥隧相连路段、长下坡路段应设置可变信息标志。 2. 严禁可变信息标志与安全标志牌或其他设施相互遮挡。 3. 对锈蚀损坏、老化失效的标志，应及时更换，缺失的应及时补充，修复弯曲、倾斜的支柱，紧固松动的连接构件	1.《高速公路监控技术要求》(交通运输部公告 2012 年第 3 号）第 5.3.2 条。 2.《公路隧道养护技术规范》（JTG H12—2015）第 4.6.16 条

续上表

序号	风险点	风险事件（事故类型）	致险因素	风险等级	控制措施	引用标准/规范
25	标线	车辆伤害	1. 标线表面有污秽，影响其辨认性能。 2. 标线破损严重和脱落。 3. 应及时紧固松动的路标，发现损坏或丢失的，应及时修复或补换。 4. 立面标记设置不符合规定。 5. 导流线设置过短	一般	1. 当标线表面有污秽，影响其辨认性能时，应及时进行清洗，清洗标线时，应避免损伤其表面覆膜或涂层等。 2. 对破损严重和脱落的标线应及时补划。 3. 应及时紧固松动的路标，发现损坏或丢失的，应及时修复或补换。 4. 立面标记应从检修道顶面开始，涂至距离路面 2.5m 以上；立面标记为黄黑相间的倾斜线条，倾角为 45°，线宽为 15cm。 5. 隧道入口宽度窄于路基或桥梁时，隧道入口前不少于 50m 范围的右侧硬路肩内应设置导流线	1.《公路隧道养护技术规范》（JTG H12—2015）第 4.3.5 条。 2.《公路隧道养护技术规范》（JTG H12—2015）第 4.6.17 条。 3.《公路隧道提质升级行动技术指南》第 3.1.1 条

高寒气象灾害多发路段风险辨识评估分级清单

附表 1-16

序号	风险点	风险事件（事故类型）	致险因素	风险等级	控制措施	引用标准/规范
1	雾区诱导系统	车辆伤害	1. 雾天公路行车安全诱导装置的产品结构与型号技术要求等不符合《雾天公路行车安全诱导装置》（JT/T 1032—2016）要求。 2. 未按现行《道路交通标志和标线　第 2 部分：道路交通标志》（GB 5768.2）要求设置。	一般	1. 公路雾天低能见度环境条件下应用的行车安全诱导装置及系统的应用可参照使用《雾天公路行车安全诱导装置》（JT/T 1032—2016）标准。 2. 发光标志的主动发光部分可采用高亮度发光二极管（Light Emitted Diode，LED）等器件或材料，非发光部分宜采用逆反射材料；应确保在夜间具有 150m 以上的视认距离；如果闪烁，所有发光单元应同步，闪烁频率宜为 50~60 次 /min	1.《雾天公路行车安全诱导装置》（JT/T 1032—2016）第 1 条。 2.《道路交通标志和标线　第 2 部分：道路交通标志》（GB 5768.2—2022）第 4.8.17 条

续上表

序号	风险点	风险事件（事故类型）	致险因素	风险等级	控制措施	引用标准/规范
2	防风棚	车辆伤害	1. 受强侧风影响路段，防风棚未与交通标志、交通标线（含彩色防滑标线）等设施统筹考虑。 2. 桥梁上设置防风棚时，未对桥梁气动稳定性和桥梁受力进行验证	一般	1. 受强侧风影响路段，防风棚应与交通标志、交通标线（含彩色防滑标线）等设施统筹考虑。 2. 桥梁上设置防风棚时，应对桥梁气动稳定性和桥梁受力进行验证	《公路交通安全设施设计规范》（JTG D81—2017）第12.1.1条
3	防雪遮光棚	车辆伤害	1. 未根据《公路交通安全设施设计规范》（JTG D81—2017）规定设置交通安全设施。 2. 未设置防雪遮光棚，存在洞口内外亮度过渡不顺适问题，不满足《公路工程技术标准》（JTG B01—2014）第8.0.6条的要求	一般	1. 风、雪等危及公路行车安全的路段，应根据《公路交通安全设施设计规范》（JTG D81—2017）规定设置防风栅、防雪栅、积雪标杆等交通安全设施。 2. 根据需要防雪遮光棚	1.《公路交通安全设施设计规范》（JTG D81—2017）第3.4.8条。 2.《公路工程技术标准》（JTG B01—2014）第8.0.6条
4	逆反射式标志	车辆伤害	1. 逆反射式标志设置不合理。 2. 逆反射式标志板、支柱、连接件、基础等标志部件缺损且功能不正常。 3. 逆反射式标志应明显歪斜、变形，钢构件明显剥落、锈蚀。 4. 逆反射式标志面不平整，明显褪色、污损、起泡、起皱、裂纹、剥落等病害。 5. 逆反射式标志的图案、字体、颜色等不符合相关标准要求。 6. 反光交通标志未具有良好的夜间视认性	较小	1. 应保持逆反射式标志设置合理、结构安全，版面内容整洁、清晰。 2. 应及时修补逆反射式标志板、支柱、连接件、基础等标志部件。 3. 应及时调整更换歪斜、变形的逆反射式标志，对明显剥落、锈蚀钢构件应及时更换。 4. 应及时调整更换不平整、明显褪色、污损、起泡、起皱、裂纹、剥落等病害的逆反射式标志。 5. 应及时调整更换逆反射式标志的图案、字体、颜色等符合相关标准要求。 6. 应及时调整更换反光交通标志，保持良好的夜间视认性	《公路养护技术规范》（JTG H10—2009）第9.2.2条

续上表

序号	风险点	风险事件（事故类型）	致险因素	风险等级	控制措施	引用标准 / 规范
5	可变信息标志	车辆伤害	1. 未按《高速公路监控技术要求》（交通运输部公告 2012 年第 3 号）设置可变信息标志。 2. 可变信息标志与安全标志牌或其他设施相互遮挡。 3. 可变信息标志锈蚀损坏、老化失效、缺失，支柱弯曲、倾斜，连接构件松动	一般	1. 高速公路监控系统外场设备规模为 A2 等级交通事故多发路段、地质灾害易发路段、气象条件恶劣区段、交通量特别大的区段应设置可变信息标志，其设置间距宜为 5~10km。 2. 严禁可变信息标志与安全标志牌或其他设施相互遮挡。 3. 对锈蚀损坏、老化失效的标志，应及时更换，缺失的应及时补充，修复弯曲、倾斜的支柱，紧固松动的连接构件	1.《高速公路监控技术要求》（交通运输部公告 2012 年第 3 号）第 5.3.2 条。 2.《公路隧道养护技术规范》(JTG H12—2015）第 4.6.16 条
6	标线	车辆伤害	1. 未有良好的可视性，边缘不整齐、线形不流畅，有大面积脱落。 2. 颜色、线形等不符合相关标准要求。 3. 反光标线不具有良好的夜间视认性。 4. 重新画设的标线应与旧标线未重合	一般	1. 交通标线具有良好的可视性，边缘整齐、线形流畅，无大面积脱落，对破损严重和脱落的标线应及时补划。 2. 颜色、线形等应符合相关标准要求，对不符合的标线应及时补划。 3. 应及时调整更换反光标线应保持良好的夜间视认性。 4. 应及时补划重新画设的标线应与旧标线基本重合	《公路养护技术规范》（JTG H10—2009）第 9.2.3 条
7	监控设施	车辆伤害	1. 不符合《公路工程技术标准》（JTG B01—2014）监控设施规定。 2. 沿线监控外场设备配置不满足《高速公路监控技术要求》（交通运输部公告 2012 年第 3 号）规定	较小	1. 监控设施按《公路工程技术标准》(JTG B01—2014）A、B、C、D 四个等级设置。 2. 沿线监控外场设备包括信息采集设备、信息发布设备、视频监控设备等；高速公路监控系统外场设备规模分为 A1、A2、A3 三级，对应各规模等级配置要求	1.《公路工程技术标准》（JTG B01—2014）第 10.4.2 条。 2.《高速公路监控技术要求》（交通运输部公告 2012 年第 3 号）第 5.3 条

附表 1-17

地质灾害路段风险辨识评估分级清单

序号	风险点	风险事件（事故类型）	致险因素	风险等级	控制措施	引用标准 / 规范
1	泥石流路段	车辆伤害	1. 发生频率高的黏性泥石流及规模较大的稀性泥石流路段。 2. 未布设调治构造物。 3. 危害性大、涉及面广的泥石流，且当地人类活动、经济建设有可能促使泥石流发。 4. 泥石流易形成区。 5. 泥石流流通区	重大	1. 发生频率高的黏性泥石流及规模较大的稀性泥石流路段，经技术经济比较宜改线绕避，无法绕避时应避重就轻选择线路。 2. 布设调治构造物，应根据路段所在位置，结合地形、沟槽宽度、发生泥石流性质、流势及其发展变化规律，综合考虑确定，宜导不宜挑。 3. 对于危害性大、涉及面广的泥石流，且当地人类活动、经济建设有可能促使泥石流发时，宜与有关部门协商，进行工程和生物水土保持相结合的综合治理。 4. 在泥石流易形成区，平整山坡、堵塞沟缝、修建阶梯和土埂等控制水土流失和滑坍发展。 5. 泥石流流通区，在地形、地质及储淤条件较好处，可修建拦挡或停淤场	《公路养护技术规范》（JTG H10—2009）第 8.2.2 条
2	滑坡路段	坍塌 车辆伤害	1. 未设置截水、排水沟。 2. 土体不平衡。 3. 边坡失稳	重大	1. 在坍、滑体上方，按其汇水面积及降雨情况，结合地形设置截水、排水沟，防止地表水，地下水流入滑体。 2. 设置挡土墙或抗滑桩等，维持土体平衡。 3. 种植草皮、表面喷混凝土地（水泥砂浆）、砌筑护坡或进行刷坡减轻土体，稳定边坡	《公路养护技术规范》（JTG H10—2009）第 8.2.2 条

续上表

序号	风险点	风险事件（事故类型）	致险因素	风险等级	控制措施	引用标准/规范
3	崩塌路段	坍塌 车辆伤害	1. 未设置截水、排水沟。 2. 土体不平衡。 3. 边坡失稳	重大	1. 在坍、滑体上方，按其汇水面积及降雨情况，结合地形设置截水、排水沟，防止地表水，地下水流入坍、滑体。 2. 设置挡土墙或抗滑桩等，维持土体平衡。 3. 种植草皮、表面喷混凝土地（水泥砂浆）、砌筑护坡或进行刷坡减轻土体，稳定边坡	《公路养护技术规范》（JTG H10—2009）第8.2.2条

隧道与互通式立体交叉相连路段风险辨识评估分级清单　　附表1-18

序号	风险点	风险事件（事故类型）	致险因素	风险等级	控制措施	引用标准/规范
1	互通出口	车辆伤害	1. 互通出口距隧道洞口过近。 2. 互通式立体交叉匝道或连接线与被交公路间的平面交叉未进行渠化设计	一般	1. 互通式立体交叉与隧道之间的距离应能满足设置出口预告标志的需要。 2. 互通式立体交叉匝道或连接线与被交公路间的平面交叉必须进行渠化设计。在针对平面交叉密度较高的路段设计时，必要时要通过调整路网中的局部节点，取消部分平面交叉，即截断次要公路或建分离式立体交叉	1.《公路工程技术标准》（JTG B01—2014）第9.2.4条。 2.《公路路线设计规范》（JTG D20—2017）第11.6.1条
2	互通入口	车辆伤害	互通入口距隧道洞口过近	一般	1. 互通式立体交叉与隧道之间的距离应能满足设置出口预告标志的需要。 2. 主线入口与前方隧道之间的净距不宜小于《公路立体交叉设计细则》中表5.4.5-2的规定值	1.《公路工程技术标准》（JTG B01—2014）第9.2.4条。 2.《公路立体交叉设计细则》（JTG/T D21—2014）第5.4.5条

交通事故易发路段风险辨识评估分级清单

附表 1-19

序号	风险点	风险事件（事故类型）	致险因素	风险等级	控制措施	引用的标准 / 规范
1	雅安—康定 K0+000~K1+000（互通 + 服务区）路段	坍塌 火灾 车辆伤害	1. 疲劳驾驶、驾驶人操作不当。 2. 违法装载、违法停车。 3. 车辆超限速。 4. 夜间行驶或者在容易发生危险的路段行驶，以及遇有沙尘、冰雹、雨、雪、雾、结冰等气象条件时，没有降低行驶速度。 5. 道路线形不规范、避险车道不规范。 6. 阴天、雨天视线不清、视距不足。 7. 排水不良路段雨天有积水，导致路面湿滑。 8. 交通标志标线不清、未设置横线减速标线	重大	1. 机动车驾驶人应当遵守道路交通安全法律、法规的规定，按照操作规范安全驾驶、文明驾驶；饮酒、服用国家管制的精神药品或者麻醉药品，或者患有妨碍安全驾驶机动车的疾病，或者过度疲劳影响安全驾驶的，不得驾驶机动车。 2. 机动车载物应当符合核定的载质量，严禁超载；载物的长、宽、高不得违反装载要求，不得遗洒、飘散载运物。 3. 机动车上道路行驶，不得超过限速标志标明的最高时速。在没有限速标志的路段，应当保持安全车速。 4. 夜间行驶或者在容易发生危险的路段行驶，以及遇有沙尘、冰雹、雨、雪、雾、结冰等气象条件时，应当降低行驶速度。 5. 对道路进行线形巡查，对不规范线形路段加以整改，互通式立体交叉与服务区、停车区、公共汽车停靠站、隧道等其他重要设施之间的距离应能满足设置出口预告标志的需要。 6. 遇有沙尘、冰雹、雨、雪、雾、结冰等气象条件时，应当降低行驶速度。 7. 沟壁平整、稳定，无贴坡。沟底平整，排水畅通，无冲刷和阻水现象；进行路面改造时考虑对排水不良路段采用透水性路面。 8. 标志面应平整，无明显褪色、污损、起泡、起皱、裂纹、剥落等病害。标志的图案、字体、颜色等应符合相关标准要求	1.《中华人民共和国道路交通安全法》第二十二条。 2.《中华人民共和国道路交通安全法》第四十八条。 3.《公路工程技术标准》（JTG B01—2014）第 9.2.4 条。 4.《公路沥青路面养护技术规范》（JTG 5142—2019）第 5.3.3 条。 5.《公路养护技术规范》（JTG H10—2009）第 9.2.2 条

续上表

序号	风险点	风险事件（事故类型）	致险因素	风险等级	控制措施	引用的标准 / 规范
2	雅安—康定15+000~K19+000（桥梁+隧道+互通）路段	坍塌 火灾 车辆伤害	1. 疲劳驾驶、驾驶人操作不当。 2. 违法装载、违法停车。 3. 车辆超限速。 4. 夜间行驶或者在容易发生危险的路段行驶，以及遇有沙尘、冰雹、雨、雪、雾、结冰等气象条件时，没有降低行驶速度。 5. 道路线形不规范、避险车道不规范。 6. 阴天、雨天视线不清、视距不足。 7. 排水不良路段雨天有积水，导致路面湿滑。 8. 交通标志标线不清、未设置横线减速标线	重大	1. 机动车驾驶人应当遵守道路交通安全法律、法规的规定，按照操作规范安全驾驶、文明驾驶；饮酒、服用国家管制的精神药品或者麻醉药品，或者患有妨碍安全驾驶机动车的疾病，或者过度疲劳影响安全驾驶的，不得驾驶机动车。 2. 机动车载物应当符合核定的载质量，严禁超载；载物的长、宽、高不得违反装载要求，不得遗洒、飘散载运物。 3. 机动车上道路行驶，不得超过限速标志标明的最高时速。在没有限速标志的路段，应当保持安全车速。 4. 夜间行驶或者在容易发生危险的路段行驶，以及遇有沙尘、冰雹、雨、雪、雾、结冰等气象条件时，应当降低行驶速度。 5. 对道路进行线形巡查，对不规范线形路段加以整改，互通式立体交叉与服务区、停车区、公共汽车停靠站、隧道等其他重要设施之间的距离应能满足设置出口预告标志的需要。 6. 遇有沙尘、冰雹、雨、雪、雾、结冰等气象条件时，应当降低行驶速度。 7. 沟壁平整、稳定，无贴坡。沟底平整，排水畅通，无冲刷和阻水现象；进行路面改造时考虑对排水不良路段采用透水性路面。 8. 标志面应平整，无明显褪色、污损、起泡、起皱、裂纹、剥落等病害。标志的图案、字体、颜色等应符合相关标准要求	1.《中华人民共和国道路交通安全法》第二十二条。 2.《中华人民共和国道路交通安全法》第四十八条。 3.《公路工程技术标准》（JTG B01—2014）第 9.2.4 条。 4.《公路沥青路面养护技术规范》（JTG 5142—2019）第 5.3.3 条。 5.《公路养护技术规范》（JTG H10—2009）第 9.2.2 条

续上表

序号	风险点	风险事件（事故类型）	致 险 因 素	风险等级	控 制 措 施	引用的标准 / 规范
3	雅安—康定 30+000~K31+000（桥梁）路段	坍塌 火灾 车辆伤害	1. 疲劳驾驶、驾驶人操作不当。 2. 违法装载、违法停车。 3. 车辆超限速。 4. 夜间行驶或者在容易发生危险的路段行驶，以及遇有沙尘、冰雹、雨、雪、雾、结冰等气象条件时，没有降低行驶速度。 5. 道路线形不规范、避险车道不规范。 6. 阴天、雨天视线不清、视距不足。 7. 排水不良路段雨天有积水，导致路面湿滑。 8. 交通标志标线不清、未设置横线减速标线	重大	1. 机动车驾驶人应当遵守道路交通安全法律、法规的规定，按照操作规范安全驾驶、文明驾驶；饮酒、服用国家管制的精神药品或者麻醉药品，或者患有妨碍安全驾驶机动车的疾病，或者过度疲劳影响安全驾驶的，不得驾驶机动车。 2. 机动车载物应当符合核定的载质量，严禁超载；载物的长、宽、高不得违反装载要求，不得遗洒、飘散载运物。 3. 机动车上道路行驶，不得超过限速标志标明的最高时速。在没有限速标志的路段，应当保持安全车速。 4. 夜间行驶或者在容易发生危险的路段行驶，以及遇有沙尘、冰雹、雨、雪、雾、结冰等气象条件时，应当降低行驶速度。 5. 对道路进行线形巡查，对不规范线形路段加以整改，互通式立体交叉与服务区、停车区、公共汽车停靠站、隧道等其他重要设施之间的距离应能满足设置出口预告标志的需要。 6. 遇有沙尘、冰雹、雨、雪、雾、结冰等气象条件时，应当降低行驶速度。 7. 沟壁平整、稳定，无贴坡。沟底平整，排水畅通，无冲刷和阻水现象；进行路面改造时考虑对排水不良路段采用透水性路面。 8. 标志面应平整，无明显褪色、污损、起泡、起皱、裂纹、剥落等病害。标志的图案、字体、颜色等应符合相关标准要求	1.《中华人民共和国道路交通安全法》第二十二条。 2.《中华人民共和国道路交通安全法》第四十八条。 3.《公路工程技术标准》（JTG B01—2014）第 9.2.4 条。 4.《公路沥青路面养护技术规范》（JTG 5142—2019）第 5.3.3 条。 5.《公路养护技术规范》（JTG H10—2009）第 9.2.2 条

续上表

序号	风险点	风险事件（事故类型）	致险因素	风险等级	控制措施	引用的标准/规范
4	雅安—康定38+000~K45+000（桥梁+服务区+互通区）路段	坍塌 火灾 车辆伤害	1. 疲劳驾驶、驾驶人操作不当。 2. 违法装载、违法停车。 3. 车辆超限速。 4. 夜间行驶或者在容易发生危险的路段行驶，以及遇有沙尘、冰雹、雨、雪、雾、结冰等气象条件时，没有降低行驶速度。 5. 道路线形不规范、避险车道不规范。 6. 阴天、雨天视线不清、视距不足。 7. 排水不良路段雨天有积水，导致路面湿滑。 8. 交通标志标线不清、未设置横线减速标线	重大	1. 机动车驾驶人应当遵守道路交通安全法律、法规的规定，按照操作规范安全驾驶、文明驾驶；饮酒、服用国家管制的精神药品或者麻醉药品，或者患有妨碍安全驾驶机动车的疾病，或者过度疲劳影响安全驾驶的，不得驾驶机动车。 2. 机动车载物应当符合核定的载质量，严禁超载；载物的长、宽、高不得违反装载要求，不得遗洒、飘散载运物。 3. 机动车上道路行驶，不得超过限速标志标明的最高时速。在没有限速标志的路段，应当保持安全车速。 4. 夜间行驶或者在容易发生危险的路段行驶，以及遇有沙尘、冰雹、雨、雪、雾、结冰等气象条件时，应当降低行驶速度。 5. 对道路进行线形巡查，对不规范线形路段加以整改，互通式立体交叉与服务区、停车区、公共汽车停靠站、隧道等其他重要设施之间的距离应能满足设置出口预告标志的需要。 6. 遇有沙尘、冰雹、雨、雪、雾、结冰等气象条件时，应当降低行驶速度。 7. 沟壁平整、稳定，无贴坡。沟底平整，排水畅通，无冲刷和阻水现象；进行路面改造时考虑对排水不良路段采用透水性路面。 8. 标志面应平整，无明显褪色、污损、起泡、起皱、裂纹、剥落等病害。标志的图案、字体、颜色等应符合相关标准要求	1.《中华人民共和国道路交通安全法》第二十二条。 2.《中华人民共和国道路交通安全法》第四十八条。 3.《公路工程技术标准》（JTG B01—2014）第 9.2.4 条。 4.《公路沥青路面养护技术规范》（JTG 5142—2019）第 5.3.3 条。 5.《公路养护技术规范》（JTG H10—2009）第 9.2.2 条

续上表

序号	风险点	风险事件（事故类型）	致险因素	风险等级	控制措施	引用的标准/规范
5	雅安—康定 58+000~K59+000（桥梁）路段	坍塌 火灾 车辆伤害	1. 疲劳驾驶、驾驶人操作不当。 2. 违法装载、违法停车。 3. 车辆超限速。 4. 夜间行驶或者在容易发生危险的路段行驶，以及遇有沙尘、冰雹、雨、雪、雾、结冰等气象条件时，没有降低行驶速度。 5. 道路线形不规范、避险车道不规范。 6. 阴天、雨天视线不清、视距不足。 7. 排水不良路段雨天有积水，导致路面湿滑。 8. 交通标志标线不清、未设置横线减速标线	重大	1. 机动车驾驶人应当遵守道路交通安全法律、法规的规定，按照操作规范安全驾驶、文明驾驶；饮酒、服用国家管制的精神药品或者麻醉药品，或者患有妨碍安全驾驶机动车的疾病，或者过度疲劳影响安全驾驶的，不得驾驶机动车。 2. 机动车载物应当符合核定的载质量，严禁超载；载物的长、宽、高不得违反装载要求，不得遗洒、飘散载运物。 3. 机动车上道路行驶，不得超过限速标志标明的最高时速。在没有限速标志的路段，应当保持安全车速。 4. 夜间行驶或者在容易发生危险的路段行驶，以及遇有沙尘、冰雹、雨、雪、雾、结冰等气象条件时，应当降低行驶速度。 5. 对道路进行线形巡查，对不规范线形路段加以整改，互通式立体交叉与服务区、停车区、公共汽车停靠站、隧道等其他重要设施之间的距离应能满足设置出口预告标志的需要。 6. 遇有沙尘、冰雹、雨、雪、雾、结冰等气象条件时，应当降低行驶速度。 7. 沟壁平整、稳定，无贴坡。沟底平整，排水畅通，无冲刷和阻水现象；进行路面改造时考虑对排水不良路段采用透水性路面。 8. 标志面应平整，无明显褪色、污损、起泡、起皱、裂纹、剥落等病害。标志的图案、字体、颜色等应符合相关标准要求	1.《中华人民共和国道路交通安全法》第二十二条。 2.《中华人民共和国道路交通安全法》第四十八条。 3.《公路工程技术标准》（JTG B01—2014）第 9.2.4 条。 4.《公路沥青路面养护技术规范》（JTG 5142—2019）第 5.3.3 条。 5.《公路养护技术规范》（JTG H10—2009）第 9.2.2 条

续上表

序号	风险点	风险事件（事故类型）	致险因素	风险等级	控制措施	引用的标准/规范
6	雅安—康定K92+000~K00+096（桥梁+隧道）路段	坍塌 火灾 车辆伤害	1. 疲劳驾驶、驾驶人操作不当。 2. 违法装载、违法停车。 3. 车辆超限速。 4. 夜间行驶或者在容易发生危险的路段行驶，以及遇有沙尘、冰雹、雨、雪、雾、结冰等气象条件时，没有降低行驶速度。 5. 道路线形不规范、避险车道不规范。 6. 阴天、雨天视线不清、视距不足。 7. 排水不良路段雨天有积水，导致路面湿滑。 8. 交通标志标线不清、未设置横线减速标线	重大	1. 机动车驾驶人应当遵守道路交通安全法律、法规的规定，按照操作规范安全驾驶、文明驾驶；饮酒、服用国家管制的精神药品或者麻醉药品，或者患有妨碍安全驾驶机动车的疾病，或者过度疲劳影响安全驾驶的，不得驾驶机动车。 2. 机动车载物应当符合核定的载质量，严禁超载；载物的长、宽、高不得违反装载要求，不得遗洒、飘散载运物。 3. 机动车上道路行驶，不得超过限速标志标明的最高时速。在没有限速标志的路段，应当保持安全车速。 4. 夜间行驶或者在容易发生危险的路段行驶，以及遇有沙尘、冰雹、雨、雪、雾、结冰等气象条件时，应当降低行驶速度。 5. 对道路进行线形巡查，对不规范线形路段加以整改，互通式立体交叉与服务区、停车区、公共汽车停靠站、隧道等其他重要设施之间的距离应能满足设置出口预告标志的需要。 6. 遇有沙尘、冰雹、雨、雪、雾、结冰等气象条件时，应当降低行驶速度。 7. 沟壁平整、稳定，无贴坡。沟底平整，排水畅通，无冲刷和阻水现象；进行路面改造时考虑对排水不良路段采用透水性路面。 8. 标志面应平整，无明显褪色、污损、起泡、起皱、裂纹、剥落等病害。标志的图案、字体、颜色等应符合相关标准要求	1.《中华人民共和国道路交通安全法》第二十二条。 2.《中华人民共和国道路交通安全法》第四十八条。 3.《公路工程技术标准》（JTG B01—2014）第 9.2.4 条。 4.《公路沥青路面养护技术规范》（JTG 5142—2019）第 5.3.3 条。 5.《公路养护技术规范》（JTG H10—2009）第 9.2.2 条

附表 1-20

生态环境风险辨识评估分级清单

序号	风险点	风险事件（事故类型）	致险因素	风险等级	控制措施	引用的标准 / 规范
1	三级生态环境	其他伤害	1. 生态环境评价范围小于公路用地界外 100m。 2. 破坏土地资源、动植物区系、主要物种；破坏植被覆盖率以及项目区域生态环境宏观特征。 3. 项目征用土地影响了项目直接影响区的土地资源和农林牧渔业生产、主要动植物物种、植被覆盖率以及土地利用状况变化。 4. 路面径流直接进入了饮用水体和养殖水体。 5. 在饮用水的地下水水源保护区内设置有渗水构造物，可能使路面径流等渗入生活饮用水的地下水源。 6. 路基边缘距饮用水体小于 100m 、距离养殖水体小于 20m 时。 7. 临近水域的弃渣场的拦挡措施缺失或破损	较小	1. 生态环境评价范围应大于公路用地界外 100m。 2. 制订工程措施，减少工程对土地资源、动植物区系、主要物种的破坏；改善和恢复生态环境的绿化措施以及项目区域生态环境宏观特征。 3. 制订保护水土资源、农林牧渔业生产、主要动植物物种的保护措施，提高植被覆盖率以及土地利用状况。 4. 路面径流不得直接排入饮用水体和养殖水体。 5. 在饮用水地下水水源保护区内不得设置污染地下水源的渗水构造物；已有渗水构造物的应对设置的排水沟造物进行防渗处理。 6. 当路基边缘距饮用水体小于 100m 、距离养殖水体小于 20m 时，应采取绿化带或其他隔离防护措施。 7. 修建或修补拦挡措施，避免阻塞河道水流或造成水土流失	1.《公路建设项目环境影响评价规范》（JTG B03—2006）第 6.1.3 条。 2.《公路建设项目环境影响评价规范》（JTG B03—2006）第 6.3.2 条。 3.《公路建设项目环境影响评价规范》（JTG B03—2006）第 6.4.2 条。 4.《公路环境保护设计规范》（JTG B04—2010）第 5.3.2 条。 5.《公路环境保护设计规范》（JTG B04—2010）第 5.3.3 条。 6.《公路环境保护设计规范》（JTG B04—2010）第 5.3.6 条。 7.《公路环境保护设计规范》（JTG B04—2010）第 5.3.7 条
2	二级生态环境	其他伤害	1. 生态环境评价范围小于公路用地界外 200m。 2. 破坏土地资源、动植物区系、主要物种；破坏植被覆盖率以及项目区域生态环境宏观特征。 3. 破坏了生态结构、主要生态因子现状及其抗干扰因子。	一般	1. 生态环境评价范围应大于公路用地界外 200m。 2. 制订工程措施，减少工程对土地资源、动植物区系、主要物种的破坏；改善和恢复生态环境的绿化措施以及项目区域生态环境宏观特征。 3. 修复生态结构、主要生态因子现状及其抗干扰因子。	1.《公路建设项目环境影响评价规范》（JTG B03—2006）第 6.1.3 条。 2.《公路建设项目环境影响评价规范》（JTG B03—2006）第 6.3.2 条。 3.《公路建设项目环境影响评价规范》JTG B03—2006）第 6.4.2 条。

续上表

序号	风险点	风险事件（事故类型）	致险因素	风险等级	控制措施	引用的标准 / 规范
2	二级生态环境	其他伤害	4. 项目征用土地影响了项目直接影响区的土地资源和农林牧渔业生产、主要动植物物种、植被覆盖率以及土地利用状况变化。 5. 未分析生态敏感区域的潜在影响；未分析预测工程实施对项目评价范围内列入保护名录的野生动植物和优势植被的影响，及未分析预测评价范围内主要生态因子和生态系统结构可能发生的变化。 6. 路面径流直接进入了饮用水体和养殖水体。 7. 在饮用水的地下水水源保护区内设置有渗水构造物，可能使路面径流等渗入生活饮用水的地下水源。 8. 路基边缘距饮用水体小于 100m 、距离养殖水体小于 20m 时。 9. 临近水域的弃渣场的拦挡措施缺失或破损	一般	4. 制订保护水土资源、农林牧渔业生产、主要动植物物种的保护措施，提高植被覆盖率以及土地利用状况。 5. 分析生态敏感区域的潜在影响；分析预测工程实施对项目评价范围内列入保护名录的野生动植物和优势植被的影响，及分析预测评价范围内主要生态因子和生态系统结构可能发生的变化；制订野生保护动植物物种的专项保护措施。 6. 路面径流不得直接排入饮用水体和养殖水体。 7. 在饮用水地下水水源保护区内不得设置污染地下水源的渗水构造物；已有渗水构造物的应对设置的排水沟造物进行防渗处理。 8. 当路基边缘距饮用水体小于 100m 、距离养殖水体小于 20m 时，应采取绿化带或其他隔离防护措施。 9. 修建或修补拦挡措施，避免阻塞河道水流或造成水土流失	4.《公路环境保护设计规范》（JTG B04—2010）第 5.3.2 条。 5.《公路环境保护设计规范》（JTG B04—2010）第 5.3.3 条。 6.《公路环境保护设计规范》（JTG B04—2010）第 5.3.6 条。 7.《公路环境保护设计规范》（JTG B04—2010）第 5.3.7 条
3	一级生态环境	其他伤害	1. 生态环境评价范围小于公路用地界外 300m。 2. 破坏土地资源、动植物区系、主要物种；破坏植被覆盖率以及项目区域生态环境宏观特征。 3. 破坏了生态结构、主要生态因子现状及其抗干扰因子。	一般	1. 生态环境评价范围应大于公路用地界外 300m。 2. 制订工程措施，减少工程对土地资源、动植物区系、主要物种的破坏；改善和恢复生态环境的绿化措施以及项目区域生态环境宏观特征。 3. 修复生态结构、主要生态因子现状及其抗干扰因子。	1.《公路建设项目环境影响评价规范》（JTG B03—2006）第 6.1.3 条。 2.《公路建设项目环境影响评价规范》（JTG B03—2006）第 6.3.2 条。 3.《公路建设项目环境影响评价规范》（JTG B03—2006）第 6.4.2 条。

续上表

序号	风险点	风险事件（事故类型）	致险因素	风险等级	控制措施	引用的标准 / 规范
3	一级生态环境	其他伤害	4. 项目征用土地影响了项目直接影响区的土地资源和农林牧渔业生产、主要动植物物种、植被覆盖率以及土地利用状况变化。 5. 未分析生态敏感区域的潜在影响；未分析预测工程实施对项目评价范围内列入保护名录的野生动植物和优势植被的影响，及未分析预测评价范围内主要生态因子和生态系统结构可能发生的变化。 6. 未分析生态系统结构、稳定性、物种多样性、抗干扰能力及其变化趋势。 7. 路面径流直接进入了饮用水体和养殖水体。 8. 在饮用水的地下水水源保护区内设置有渗水构造物，可能使路面径流等渗入生活饮用水的地下水源。 9. 路基边缘距饮用水体小于 100m 、距离养殖水体小于 20m 时。 10. 临近水域的弃渣场的拦挡措施缺失或破损。 11. 在有国家或地方重点保护野生动物出没路段，未设置禁止鸣喇叭等标志，或标志不清晰有遮挡；未设置动物横向过路通道。 12. 公路中心线距省级（含）以上自然保护区缓冲区的边缘小于 100m	一般	4. 制订保护水土资源、农林牧渔业生产、主要动植物物种的保护措施，提高植被覆盖率以及土地利用状况。 5. 分析生态敏感区域的潜在影响；分析预测工程实施对项目评价范围内列入保护名录的野生动植物和优势植被的影响，及分析预测评价范围内主要生态因子和生态系统结构可能发生的变化；制订野生保护动植物物种的专项保护措施。 6. 分析生态系统结构、稳定性、物种多样性、抗干扰能力及其变化趋势，制订相关措施。 7. 路面径流不得直接排入饮用水体和养殖水体。 8. 在饮用水地下水水源保护区内不得设置污染地下水源的渗水构造物；已有渗水构造物的应对设置的排水沟造物进行防渗处理。 9. 当路基边缘距饮用水体小于 100m 、距离养殖水体小于 20m 时，应采取绿化带或其他隔离防护措施。 10. 修建或修补拦挡措施，避免阻塞河道水流或造成水土流失。 11. 在有国家或地方重点保护野生动物出没路段，应设置预告禁止鸣喇叭等标志；对标志不清晰有遮挡的进行更换和维护；根据需要为动物横向过路设置通道。 12. 公路中心线距省级（含）以上自然保护区缓冲区的边缘不宜小于 100m。当公路必须进入自然保护区时，应遵照国家有关规定执行	4.《公路环境保护设计规范》（JTG B04—2010）第 5.2.1 条。 5.《公路环境保护设计规范》（JTG B04—2010）第 5.2.5 条。 6.《公路环境保护设计规范》（JTG B04—2010）第 5.3.2 条。 7.《公路环境保护设计规范》（JTG B04—2010）第 5.3.3 条。 8.《公路环境保护设计规范》（JTG B04—2010）第 5.3.6 条。 9.《公路环境保护设计规范》（JTG B04—2010）第 5.3.7 条

水土保持风险辨识评估分级清单

附表 1-21

序号	风险点	风险事件（事故类型）	致险因素	风险等级	控制措施	引用的标准/规范
1	排水设施	其他伤害 坍塌	1. 桥台形式和位置压缩河床断面，其导流设施与河岸未自然衔接。 2. 路基路面排水设施系统不完善，未自成体系，没有远截远送。 3. 路基防护、泥石流和滑坡防治等未选择刚性结构与柔性结构相结合，多层防护与生态植被防护相结合的方法。 4. 取土场裸露坡面受到上游水流冲刷时，未在取土场坡顶以外设挡水土埂或截水沟，拦截来水。 5. 受坡面集水冲刷的取土场，未根据地形在距最终开采边界以外设置截水沟，拦截坡顶以上集水。 6. 位于山坡地的取土场，未在取土场中间平台和坡脚设排水沟、排除坡面径流。 7. 施工期未在取土场下游排水沟外侧设置临时拦渣带	一般	1. 桥台形式和位置的选择不宜压缩河床断面，其导流设施应与河岸自然衔接。 2. 路基路面排水设施应系统完善，自成体系，宜远截远送，因势利导。 3. 路基防护、泥石流和滑坡防治等宜选择刚性结构与柔性结构相结合，多层防护与生态植被防护相结合的方法，标本兼治，综合治理。 4. 当取土场裸露坡面易受到上游水流冲刷时，应在取土场坡顶以外设挡水土埂或截水沟，拦截来水。 5. 受坡面集水冲刷的取土场，应根据地形在距最终开采边界以外设置截水沟，拦截坡顶以上集水。 6. 位于山坡地的取土场，应在取土场中间平台和坡脚设排水沟、排除坡面径流。 7. 施工期应在取土场下游排水沟外侧设置临时拦渣带	1.《公路环境保护设计规范》（JTG B04—2010）第 8.2.1 条。 2.《公路环境保护设计规范》（JTG B04—2010）第 8.2.4 条
2	绿化设施	其他伤害	1. 取、弃土破坏了原有地表植被或改变了原地表自然坡度而形成裸露坡面时，未进行绿化或复垦。 2. 整治或复垦后的取、弃土场，农业用地覆土不足 30 ~ 55cm，林业用地不足 20 ~ 45cm，牧业用地不足 15 ~ 25cm	较小	1. 取、弃土破坏了原有地表植被或改变了原地表自然坡度而形成裸露坡面时，应进行绿化或复垦。 2. 整治或复垦后的取、弃土场，宜根据其土地质量、灌溉条件、气候特征、生产功能及规划情况等合理确定利用方向；农业用地一般覆土 30 ~ 55cm，林业用地 20 ~ 45cm，牧业用地 15 ~ 25cm	《公路环境保护设计规范》（JTG B04—2010）第 8.2.5 条
3	结构稳定性	其他伤害 坍塌	1. 取土场存在蓄水或集水，影响了路基及周围坡体稳定。 2. 取土场坡脚受水流冲刷，未进行工程护坡。	较大	1. 取土场存在蓄水或集水时，应及时排水，防止影响路基及周围坡体稳定性。 2. 取土场坡脚易受水流冲刷的地方，应采用工程护坡保护措施。	1.《公路环境保护设计规范》（JTG B04—2010）第 8.2.2 条。 2.《公路环境保护设计规范》（JTG B04—2010）第 8.2.3 条。

续上表

序号	风险点	风险事件（事故类型）	致险因素	风险等级	控制措施	引用的标准/规范
3	结构稳定性	其他伤害 坍塌	3. 沟道中堆置有弃土、弃石、弃渣，未修建拦渣坝。 4. 弃土、弃石、弃渣等堆置物发生滑塌，未修建挡渣墙	较大	3. 在沟道中堆置弃土、弃石、弃渣时，应修建拦渣坝。 4. 弃土、弃石、弃渣等堆置物易发生滑塌，或堆置在坡顶及斜坡面时，应修建挡渣墙	3.《公路环境保护设计规范》（JTG B04—2010）第 8.2.6 条

声环境风险辨识评估分级清单　附表 1-22

序号	风险点	风险事件（事故类型）	致险因素	风险等级	控制措施	引用的标准/规范
1	三级声敏感区	其他伤害	1. 路段近期预测日交通量超过了 5000 辆标准小客车。 2. 有大于或等于 200 名学生的学校教室、大于或等于 20 张床位的医院病房、疗养院等；大于或等于 50 名常驻居民的居民点。 3. 噪声敏感目标距路中心线距离小于 150m。 4. 未着重调查现有噪声源种类和数量。 5. 未对噪声超标范围、超标值及受影响人口分布进行分析。 6. 未对超标的噪声敏感目标提出噪声防治措施。 7. 公路距环境敏感点较近、用地受限且环境噪声超标 5dB 以上时，未采用声屏障方法降低噪声。 8. 环境敏感点规模较小或建筑物高度较大时，未设置建筑物隔声设施或设置不合理。	较小	1. 控制路段近期预测日交通量不应超过 5000 辆标准小客车。 2. 降低学校教室学生人数少于 200 名；降低医院病房、疗养院等床位少于 20 张；控制常驻居民的居民点应少于 50 人。 3. 调整公路线位，噪声敏感目标距路中心线距离应大于或等于 150m。 4. 着重调查现有噪声源种类和数量；可全部利用当地已有的环境噪声监测资料。 5. 对噪声超标范围、超标值及受影响人口分布进行分析。 6. 对超标的噪声敏感目标提出噪声防治措施。 7. 公路距环境敏感点较近、用地受限且环境噪声超标 5dB 以上时，可采用声屏障方法降低噪声。可参照现行《声屏障声学设计和测量规范》（HJ/T 90）的有关规定。 8. 环境敏感点规模较小或建筑物高度较大时，可设置建筑物隔声设施，其主要措施有封闭阳台、设置双层窗、封闭外走廊、加设外墙等。	1.《公路建设项目环境影响评价规范》（JTG B03—2006）第 8.1.3 条。 2.《公路建设项目环境影响评价规范》（JTG B03—2006）第 8.1.4 条。 3.《公路环境保护设计规范》（JTG B04—2010）第 6.2.5 条。 4.《公路环境保护设计规范》（JTG B04—2010）第 6.2.6 条。

续上表

序号	风险点	风险事件（事故类型）	致险因素	风险等级	控制措施	引用的标准/规范
1	三级声敏感区	其他伤害	9. 城镇、风景区附近或有景观要求的路段，未采用绿化林带降噪	较小	9. 城镇、风景区附近或有景观要求的路段，宜采用绿化林带。绿化林带设计可参照现行《公路环境保护设计规范》（JTG B04）的有关规定	5.《公路环境保护设计规范》（JTG B04—2010）第6.2.7条
2	二级声敏感区	其他伤害	1. 有200名以上学生的学校、有20张床位以上的医院病房、疗养院、有对噪声有限制要求的保护区等噪声敏感目标，且其距路中心线距离在100 ~ 150m范围内。 2. 有连续分布的50名以上常驻居民的居民点，且其距路中心线距离在60 ~ 100m范围内。 3. 通过县级以上城市已规划区，且运营近期预测日交通量超过5000辆但小于10000辆标准小客车。 4. 未选择代表性噪声敏感目标进行监测，并用于同类噪声敏感目标的环境现状评价。 5. 未进行噪声预测，未绘制出其平面等声级图。 6. 未给出公路运营近、中期的噪声超标范围、超标值及受影响人口分布。 7. 对超标的噪声敏感目标未提出噪声防治措施，未给出降噪效果分析。 8. 公路距环境敏感点较近、用地受限且环境噪声超标5dB以上时，未采用声屏障方法降低噪声。 9. 环境敏感点规模较小或建筑物高度较大时，未设置建筑物隔声设施或设置不合理。 10. 城镇、风景区附近或有景观要求的路段，未采用绿化林带降噪	一般	1. 调整公路线位，对有200名以上学生的学校、有20张床位以上的医院病房、疗养院、有对噪声有限制要求的保护区等噪声敏感目标，其距路中心线距离应大于150m。 2. 调整公路线位，对有连续分布的50名以上常驻居民的居民点，其距路中心线距离应大于100m。 3. 通过县级以上城市已规划区的，运营近期预测日交通量应低于5000辆标准小客车。 4. 应选择代表性噪声敏感目标进行监测，并用于同类噪声敏感目标的环境现状评价。 5. 应进行噪声预测，并绘制出其平面等声级图。 6. 应给出公路运营近、中期的噪声超标范围、超标值及受影响人口分布。 7. 对超标的噪声敏感目标应提出噪声防治措施，给出降噪效果分析。 8. 公路距环境敏感点较近、用地受限且环境噪声超标5dB以上时，可采用声屏障方法降低噪声。可参照现行《声屏障声学设计和测量规范》（HJ/T 90）的有关规定。 9. 环境敏感点规模较小或建筑物高度较大时，应设置建筑物隔声设施。 10. 城镇、风景区附近或有景观要求的路段，应采用绿化林带降噪	1.《公路建设项目环境影响评价规范》（JTG B03—2006）第8.1.3条。 2.《公路建设项目环境影响评价规范》（JTG B03—2006）第8.1.4条。 3.《公路环境保护设计规范》（JTG B04—2010）第6.2.5条。 4.《公路环境保护设计规范》（JTG B04—2010）第6.2.6条。 5.《公路环境保护设计规范》（JTG B04—2010）第6.2.7条

续上表

序号	风险点	风险事件（事故类型）	致险因素	风险等级	控制措施	引用的标准/规范
3	一级声敏感区	其他伤害	1. 有200名以上学生的学校、有20张床位以上的医院病房、疗养院、有对噪声有限制要求的保护区等噪声敏感目标，且其距路中心线距离在100m范围内。 2. 有连续分布的50名以上常驻居民的居民点，且其距路中心线距离在60m范围内。 3. 通过地区级以上城市已规划区，且运营近期预测日交通量超过10000辆标准小客车。 4. 未对噪声敏感目标逐点进行监测，并用于同类噪声敏感目标的环境现状评价。 5. 未进行噪声预测，并绘制出其平面等声级图；对于高层建筑还应绘制出立面等声级图。 6. 未给出公路运营近、中期的噪声超标范围、超标值及受影响人口分布。 7. 未对超标的噪声敏感目标应提出噪声防治措施，并未进行技术经济论证，给出最终降噪效果。 8. 公路距环境敏感点较近、用地受限且环境噪声超标5dB以上时，未采用声屏障方法降低噪声。 9. 环境敏感点规模较小或建筑物高度较大时，未设置建筑物隔声设施或设置不合理。 10. 城镇、风景区附近或有景观要求的路段，未采用绿化林带降噪	一般	1. 调整公路线位，对有200名以上学生的学校有20张床位以上的医院病房、疗养院、有对噪声有限制要求的保护区等噪声敏感目标，其距路中心线距离应在100m范围以外。 2. 调整公路线位，有连续分布的50名以上常驻居民的居民点，其距路中心线距离应在60m范围以外。 3. 通过地区级以上城市已规划区的，运营近期预测日交通量应低于10000辆标准小客车。 4. 宜对噪声敏感目标逐点进行监测，并用于同类噪声敏感目标的环境现状评价。 5. 应进行噪声预测，并绘制出其平面等声级图；对于高层建筑还应绘制出立面等声级图。 6. 应给出公路运营近、中期的噪声超标范围、超标值及受影响人口分布。 7. 对超标的噪声敏感目标应提出噪声防治措施，并进行技术经济论证，给出最终降噪效果。 8. 公路距环境敏感点较近、用地受限且环境噪声超标5dB以上时，可采用声屏障方法降低噪声。可参照现行《声屏障声学设计和测量规范》（HJ/T 90）的有关规定。 9. 环境敏感点规模较小或建筑物高度较大时，应设置建筑物隔声设施。 10. 城镇、风景区附近或有景观要求的路段，应采用绿化林带降噪	1.《公路建设项目环境影响评价规范》（JTG B03—2006）第8.1.3条。 2.《公路建设项目环境影响评价规范》（JTG B03—2006）第8.1.4条。 3.《公路环境保护设计规范》（JTG B04—2010）第6.2.5条。 4.《公路环境保护设计规范》（JTG B04—2010）第6.2.6条。 5.《公路环境保护设计规范》（JTG B04—2010）第6.2.7条

续上表

序号	风险点	风险事件（事故类型）	致险因素	风险等级	控制措施	引用的标准/规范
4	一般路段区	其他伤害	运营期未根据预测结果提出环境噪声监测计划或分期实施防治措施	较小	运营期应根据预测结果提出环境噪声监测计划或分期实施防治措施	《公路建设项目环境影响评价规范》（JTG B03—2006）第8.5.3条

地表水环境风险辨识评估分级清单

附表1-23

序号	风险点	风险事件（事故类型）	致险因素	风险等级	控制措施	引用的标准/规范
1	敏感路段	其他伤害 中毒和窒息	1. 直接穿越饮用水源保护地路段。 2. 公路线位设置在饮用水水源一级保护区内。 3. 经过饮用水水源保护区时，未在驶入和驶出点设置警示标志牌。 4. 在饮用水水源保护区内设置有沥青混合料及混凝土搅拌站。 5. 在饮用水水源保护区有堆放或倾倒含有害物质的材料或废弃物。 6. 在饮用水水源保护区内取土、弃土，破坏土壤植被。 7. 经过饮用水水源保护区、执行现行《地表水环境质量标准》（GB 3838）I ~ II类标准的水体及现行《海水水质标准》（GB 3097）中的一类海域时，路面径流雨水排入该类水体之前未设置沉淀池处理。 8. 公路桥梁跨越饮用水水源保护区、执行现行《地表水环境质量标准》（GB 3838）I ~ II类标准的水体及现行《海水水质标准》（GB 3097）中的一类海域时，桥面排水未排至桥梁两端并未设置沉淀池处理	重大	1. 直接穿越饮用水源保护地的路段应提出路线避让要求，无法避让时应提出可靠的保护措施。 2. 公路线位应设置在饮用水水源一级保护区以外。 3. 经过饮用水水源保护区时，应在驶入和驶出点设置警示标志牌。 4. 在饮用水水源保护区内不得设置沥青混合料及混凝土搅拌站。 5. 不得堆放或倾倒任何含有害物质的材料或废弃物。 6. 不得在饮用水水源保护区内取土、弃土，破坏土壤植被。 7. 经过饮用水水源保护区、执行现行《地表水环境质量标准》（GB 3838）I ~ II类标准的水体及现行《海水水质标准》（GB 3097）中的一类海域时，路面径流雨水排入该类水体之前应设置沉淀池处理。 8. 公路桥梁跨越饮用水水源保护区、执行现行《地表水环境质量标准》（GB 3838）I ~ II类标准的水体及现行《海水水质标准》（GB 3097）中的一类海域时，桥面排水宜排至桥梁两端并设置沉淀池处理	1.《公路建设项目环境影响评价规范》（JTG B03—2006）第10.4.3条。 2.《公路环境保护设计规范》（JTG B04—2010）第6.4.2条

续上表

序号	风险点	风险事件（事故类型）	致险因素	风险等级	控制措施	引用的标准/规范
2	一般路段	其他伤害 中毒和窒息	1. 沿线设施污水的处理及排放未根据受纳水体的功能确定执行。 2. 沿线设施污水用于农田灌溉时，不符合现行《农田灌溉水质标准》（GB 5084）的规定；当地下水埋藏深度小于1.5m时，使用污水进行灌溉。 3. 当沿线设施污水用于回用时，其水质不满足现行《城市污水再生利用　城市杂用水水质》（GB/T 18920）的要求。 4. 施工期生活污水未集中处理达标后排放。 5. 隧道施工排水、混凝土搅拌站排水及桥梁基础施工中的泥浆等施工废水未经过处理就进行排放	一般	1. 沿线设施污水的处理及排放应根据受纳水体的功能确定。 2. 沿线设施污水用于农田灌溉时，应符合现行《农田灌溉水质标准》（GB 5084）的规定；当地下水埋藏深度小于1.5m时，不应使用污水灌溉。 3. 当沿线设施污水用于回用时，其水质应满足现行《城市污水再生利用城市　杂用水水质》（GB/T 18920）的要求。 4. 施工期生活污水应集中处理达标后排放。 5. 隧道施工排水、混凝土搅拌站排水及桥梁基础施工中的泥浆等施工废水应经过处理后排放	《公路环境保护设计规范》JTG B04—2010）第6.4.3条

目标职责风险辨识评估分级清单

附表1-24

序号	风险点	风险事件（事故类型）	致险因素	风险等级	控制措施	引用的标准/规范
1	安全生产目标	—	1. 未结合实际制订安全生产目标。	较大	1. 根据要求制订安全生产目标。应注意：符合或严于相关法律法规的要求；形成文件，并得到本企业所有从业人员的贯彻和实施；与企业的职业安全健康风险相适应；具有可考核性，体现企业持续改进的承诺；便于企业员工及相关方获得；应根据安全生产目标制订可考核的安全生产工作指标，指标应不低于上级下达的目标；应制订实现安全生产目标和工作指标的措施；应制订安全生产年度计划和专项活动方案，并严格执行；应将安全生产工作指标进行细化和分解，制订阶段性的安全生产控制指标，并予以考核；应建立安全生产目标考核与奖惩的相关制度，并定期对安全生产目标完成情况予以考核与奖惩。	1.《交通运输企业安全生产标准化建设基本规范 第1部分：总体要求》（JT/T 1180.1—2018）第5.1条。

续上表

序号	风险点	风险事件（事故类型）	致险因素	风险等级	控制措施	引用的标准/规范
1	安全生产目标	—	2. 企业安全生产工作指标不完整	较大	2. 企业安全生产工作指标应包括：人身伤害、火灾、财产损失、交通事故等安全生产责任事故控制率；公路技术状况评定值；突发事件清障救援到位及时率；设施设备日常巡查、清洁维护、检查评定、保养等计划执行率	2.《交通运输企业安全生产标准化建设基本规范　第18部分：高速公路运营企业》（JT/T 1180.18—2018）第6.1条
2	管理机构和人员	—	1. 未建立以企业主要负责人为领导的安全生产委员会（或安全生产领导小组）。 2. 未建立从安全生产委员会（或安全生产领导小组）至基层班组的安全生产管理网络。 3. 未定期召开安全生产委员会或安全生产领导小组会议，召开会议的记录未存档保留。 4. 安全生产管理机构或下属分支机构没有每月至少召开一次安全工作例会，召开会议的记录未存档保留。	重大	1. 建立以企业主要负责人为领导的安全生产委员会（或安全生产领导小组）。 2. 建立从安全生产委员会（或安全生产领导小组）至基层班组的安全生产管理网络。 3. 定期召开安全生产委员会或安全生产领导小组会议，并将会议记录存档保留。 4. 安全生产管理机构或下属分支机构每月至少召开一次安全工作例，并将会议记录存档保留。 5. 配备专（兼）职安全生产和应急管理人员。 6. 在对生产经营单位的主要负责人进行培训时，应明确告知其对本单位安全生产工作负有下列7项职责：建立健全并落实本单位全员安全生产责任制，加强安全生产标准化建设；组织制订并实施本单位安全生产规章制度和操作规程；组织制订并实施本单位安全生产教育和培训计划；保证本单位安全生产投入的有效实施；组织建立并落实安全风险分级管控和隐患排查治理双重预防工作机制，督促、检查本单位的安全生产工作，及时消除生产安全事故隐患；组织制订并实施本单位的生产安全事故应急救援预案；及时、如实报告生产安全事故。	1.《中华人民共和国安全生产法》第二十一条。 2.《中华人民共和国安全生产法》第二十五条。

续上表

序号	风险点	风险事件（事故类型）	致险因素	风险等级	控制措施	引用的标准/规范
2	管理机构和人员	—	5. 未配备专（兼）职安全生产和应急管理人员。 6. 生产经营单位的主要负责人对本单位安全生产工作负有的职责不清楚。 7. 安全生产分管负责人、安全生产管理人员对本单位安全生产工作负有的职责不清楚	重大	7. 生产经营单位可以设置专职安全生产分管负责人，协助本单位主要负责人履行安全生产管理职责。在对安全生产分管负责人进行培训时，应明确告知其对本单位安全生产工作负有下列7项职责：组织或者参与拟订本单位安全生产规章制度、操作规程和生产安全事故应急救援预案；组织或者参与本单位安全生产教育和培训，如实记录安全生产教育和培训情况；组织开展危险源辨识和评估，督促落实本单位重大危险源的安全管理措施；组织或者参与本单位应急救援演练；检查本单位的安全生产状况，及时排查生产安全事故隐患，提出改进安全生产管理的建议；制止和纠正违章指挥、强令冒险作业、违反操作规程的行为；督促落实本单位安全生产整改措施	3.《交通运输企业安全生产标准化建设基本规范　第1部分：总体要求》（JT/T 1180.1—2018）第5.2条
3	安全责任体系	—	1. 安全生产委员会（或安全生产领导小组）、安全生产管理机构、各职能部门、生产基层单位的安全生产职责不明确。 2. 未层层签订安全生产责任书。 3. 未根据安全生产责任进行定期考核和奖惩。 4. 未公布安全考评结果和奖惩情况。 5. 生产经营单位的主要负责人对本单位安全生产工作未完成《中华人民共和国安全生产法》规定的相应职责。	一般	1. 通过与各职能部门签订《安全目标责任书》的形式，将公司安全生产目标分解落实，高速公路运营单位领导与上级单位签订《安全目标责任书》和与相关方单位签订《安全协议》保障高速公路运营单位安全目标清晰和明确。根据情况可考虑与部分或全体员工签订《安全承诺书》，让员工更加明确自身的责任。 2. 层层签订安全生产责任书。 3. 根据安全生产责任进行定期考核和奖惩。 4. 公布安全考评结果和奖惩情况。	1.《中华人民共和国安全生产法》第二十一条。 2.《中华人民共和国安全生产法》第二十二条。

续上表

序号	风险点	风险事件（事故类型）	致险因素	风险等级	控制措施	引用的标准/规范
3	安全责任体系	—	6. 根据《中华人民共和国安全生产法》，生产经营单位的安全生产管理机构以及安全生产管理人员未履行好相应的职责	一般	5. 根据安全生产法，生产经营单位的主要负责人对本单位安全生产工作负有下列职责： （1）建立健全并落实本单位全员安全生产责任制，加强安全生产标准化建设； （2）组织制订并实施本单位安全生产规章制度和操作规程； （3）组织制订并实施本单位安全生产教育和培训计划； （4）保证本单位安全生产投入的有效实施； （5）组织建立并落实安全风险分级管控和隐患排查治理双重预防工作机制，督促、检查本单位的安全生产工作，及时消除生产安全事故隐患； （6）组织制订并实施本单位的生产安全事故应急救援预案； （7）及时、如实报告生产安全事故。 6. 根据《中华人民共和国安全生产法》，生产经营单位的安全生产管理机构以及安全生产管理人员履行下列职责： （1）组织或者参与拟订本单位安全生产规章制度、操作规程和生产安全事故应急救援预案； （2）组织或者参与本单位安全生产教育和培训，如实记录安全生产教育和培训情况； （3）组织开展危险源辨识和评估，督促落实本单位重大危险源的安全管理措施； （4）组织或者参与本单位应急救援演练； （5）检查本单位的安全生产状况，及时排查生产安全事故隐患，提出改进安全生产管理的建议； （6）制止和纠正违章指挥、强令冒险作业、违反操作规程的行为； （7）督促落实本单位安全生产整改措施	3.《中华人民共和国安全生产法》第二十五条。 4.《交通运输企业安全生产标准化建设基本规范　第1部分：总体要求》（JT/T 1180.1—2018）第5.3条

续上表

序号	风险点	风险事件（事故类型）	致险因素	风险等级	控制措施	引用的标准/规范
4	安全投入	—	1. 未按规定足额提取（列支）安全生产费用，或安全生产费用无法满足安全生产所需条件。 2. 安全生产经费没有专款专用。 3. 未建立安全生产费用台账	重大	1. 每年检查是否按规定足额提取（列支）安全生产费用，满足安全生产所需条件。 2. 对没有专款专用的款项，进行追缴。安全生产费用的支出范围包括：完善、改造和维护安全防护设施设备支出（不含“三同时”要求初期投入的安全设施），包括交通运输设施设备和装卸工具安全状况检测及维护系统、运输设施设备和装卸工具附属安全设备等支出；配备、维护、保养应急救援器材、设备支出和应急演练支出；开展重大危险源和事故隐患评估、监控和整改支出；安全生产检查、评价（不包括新建、改建、扩建项目安全评价）、咨询和标准化建设支出；配备和更新现场作业人员安全防护用品支出；安全生产宣传、教育、培训支出；安全生产适用的新技术、新标准、新工艺、新装备的推广应用支出；安全设施及特种设备检测检验支出；其他与安全生产直接相关的支出。 路安部负责安全生产费用使用计划的拟定和使用情况的监督。 董事长负责审批和审核上报上级公司批准的公司安全生产费用计划和使用申请。 财务部负责预算和支付安全生产经费，并对安全生产费用的使用进行审计和监督。 各职能部门根据实际向路安部提出安全生产费用预算和事由，并规范使用。 3. 建立安全生产费用台账	1.《中华人民共和国安全生产法》第二十三条。 2.《交通运输企业安全生产标准化建设基本规范　第1部分：总体要求》（JT/T 1180.1—2018）第5.5条

附表 1-25

制度管理风险辨识评估分级清单

序号	风险点	风险事件（事故类型）	致险因素	风险等级	控制措施	引用的标准 / 规范
1	资质	—	1. 企业的《企业法人营业执照》资质证书失效。 2. 未取得高速公路运营管理资格，或运营管理的高速公路不在国家规定的营运期限内	较大	1. 每年检查《企业法人营业执照》资质证书是否失效。 2. 开展项目前，检查高速公路运营管理资格	1.《交通运输企业安全生产标准化建设基本规范　第 1 部分：总体要求》（JT/T 1180.1—2018）第 5.4.1 条。 2.《交通运输企业安全生产标准化建设基本规范　第 18 部分高速公路运营企业》（JT/T 1180.18—2018）第 6.2.1 条
2	法律法规及标准规范	—	1. 企业制订安全管理制度不完整。 2. 未建立安全生产法律法规、规范标准及管理制度的清单和文本（或电子）档案；安全生产法律法规、规范标准及管理制度的清单和文本（或电子）档案未定期更新、发布。 3. 缺乏对从业人员进行适用的安全生产法律法规、规范标准宣贯的记录文件	一般	1. 每年检查企业应制订安全管理制度，至少应包括安全生产责任制、安全生产例会制度、安全生产费用管理制度、安全台账管理制度、事故隐患排查治理制度、安全生产教育培训制度、安全生产检查制度、事故统计报告制度、安全生产考核奖惩制度、设施设备安全管理制度、劳动保护用品管理制度、建设项目安全设施“三同时”管理制度、特种作业人员管理制度、危险作业安全管理制度、相关方安全生产监督管理制度、风险管理制度、职业健康管理制度等。 2. 企业应制订及时识别、获取适用的安全生产法律法规、规范标准及其他要求的管理制度，明确责任部门，建立清单和文本（或电子）档案，并定期发布。 3. 上岗前，对从业人员进行适用的安全生产法律法规、规范标准的安全培训，并保留记录文件	1.《交通运输企业安全生产标准化建设基本规范　第 18 部分：高速公路运营企业》（JT/T 1180.18—2018）第 6.2.2 条。 2.《交通运输企业安全生产标准化建设基本规范　第 1 部分：总体要求》（JT/T 1180.1—2018）第 5.4.2 条

续上表

序号	风险点	风险事件（事故类型）	致险因素	风险等级	控制措施	引用的标准/规范
3	安全管理制度	—	1. 企业未制订安全生产与职业卫生管理制度。 2. 企业制订的安全生产管理制度不符合国家现行的法律法规的要求。 3. 没有组织从业人员进行安全生产管理制度的学习和培训的记录	一般	1. 每年检查企业应制订安全管理制度，至少应包括安全生产责任制、安全风险分级管控制度、生产安全事故隐患排查治理制度、安全生产例会制度、安全生产费用管理制度、安全台账管理制度、安全生产教育培训制度、安全生产检查制度、事故统计报告制度、安全生产考核奖惩制度、设施设备安全管理制度、劳动保护用品管理制度、建设项目安全设施“三同时”管理制度、特种作业人员管理制度、危险作业安全管理制度、相关方安全生产监督管理制度、风险管理制度、职业健康管理制度等。 2. 每年修改企业制订的安全生产管理制度，使之符合国家现行的法律法规的要求。 3. 定期组织从业人员进行安全生产管理制度的学习和培训，并保留培训记录	1.《中华人民共和国安全生产法》第四十一条。 2.《交通运输企业安全生产标准化建设基本规范　第1部分：总体要求》（JT/T 1180.1—2018）第5.4条。 3.《交通运输企业安全生产标准化建设基本规范　第18部分：高速公路运营企业》（JT/T 1180.18—2018）第6.2条
4	操作规程	—	1. 企业未制订各岗位操作规程。 2. 操作规程不满足国家和行业相关标准规范的要求。 3. 新技术、新材料、新工艺、新设施设备投产或投用前，未组织编制相应的操作规程。 4. 未将操作规程发放到相关岗位。 5. 未组织对从业人员进行操作规程的培训，或缺少培训记录	较大	1. 制订各岗位操作规程。 2. 定期修改操作规程，满足国家和行业相关标准规范的要求。 3. 新技术、新材料、新工艺、新设施设备投产或投用前，组织编制相应的操作规程。 4. 定期检查操作规程是否发放到相关岗位。 5. 上岗前，组织对从业人员进行操作规程的培训，并保留培训记录	《交通运输企业安全生产标准化建设基本规范　第1部分：总体要求》（JT/T 1180.1—2018）第5.4条

续上表

序号	风险点	风险事件（事故类型）	致险因素	风险等级	控制措施	引用的标准/规范
5	制度修订	—	未定期对安全管理制度和操作规程进行评审、修订	较小	定期对安全管理制度和操作规程进行评审修订	《交通运输企业安全生产标准化建设基本规范　第1部分：总体要求》（JT/T 1180.1—2018）第5.4条
6	制度执行及档案管理	—	没有每年对安全生产法律法规、标准规范、规章制度、操作规程的执行情况进行检查	一般	企业每年至少一次对安全生产法律法规、标准规范、规章制度、操作规程的执行情况进行检查	《交通运输企业安全生产标准化建设基本规范　第1部分：总体要求》（JT/T 1180.1—2018）第5.4条

教育培训风险辨识评估分级清单

附表1-26

序号	风险点	风险事件（事故类型）	致险因素	风险等级	控制措施	引用的标准/规范
1	培训管理	—	1. 未制订安全教育培训计划。 2. 缺乏安全教育培训所需人员、资金和设施。 3. 缺乏安全教育培训记录，未建立从业人员安全教育培训档案。	较大	1. 制订安全教育培训计划。 2. 每年检查安全教育培训人员、资金和设施是否满足需求。 3. 做好安全教育培训记录，建立从业人员安全教育培训档案；路安部负责联系对公司特种作业人员的安全培训和发证工作，并建立特种作业人员培训档案。	1.《中华人民共和国安全生产法》第五十八条。

续上表

序号	风险点	风险事件（事故类型）	致险因素	风险等级	控制措施	引用的标准 / 规范
1	培训管理	—	4. 未对培训效果进行评估。 5. 安全培训内容未按《中华人民共和国安全生产法》的要求执行	较大	4. 对培训效果进行评估，改进提高培训质量。 5. 从业人员应当按《安全生产法》的要求接受安全生产教育和培训，掌握本职工作所需的安全生产知识，提高安全生产技能，增强事故预防和应急处理能力	2.《交通运输企业安全生产标准化建设基本规范　第1部分：总体要求》（JT/T 1180.1—2018）第5.6.1条
2	资格培训	—	1. 企业的特种设备作业人员未取得特种设备作业人员证，或证件失效。 2. 企业的特种作业人员未取得中华人民共和国特种作业操作证。 3. 离开特种作业岗位6个月以上的特种作业人员，没有重新进行实际操作考试就上岗作业	重大	1. 对特种设备作业人员进行检查。未取得特种设备作业人员证，或证件失效的，禁止进行特种设备作业。 2. 对特种作业人员进行检查。未取得中华人民共和国特种作业操作证的，禁止进行特种作业；公司综合办公室、特种作业人员工作的管理处具体负责特种作业设备和作业人员的管理。 3. 离开特种作业岗位6个月以上的特种作业人员，上岗前重新进行实际操作考试，合格后上岗作业	1.《中华人民共和国安全生产法》第三十条。 2.《交通运输企业安全生产标准化建设基本规范　第1部分：总体要求》（JT/T 1180.1—2018）第5.6.2条
3	宣传教育	—	未组织开展安全生产的法律、法规和安全生产知识的宣传、教育，或缺少相关记录	一般	定期组织开展安全生产的法律、法规和安全生产知识的宣传、教育，并保留相关记录	《交通运输企业安全生产标准化建设基本规范　第1部分：总体要求》（JT/T 1180.1—2018）第5.6.3条

续上表

序号	风险点	风险事件（事故类型）	致险因素	风险等级	控制措施	引用的标准/规范
4	从业人员培训	—	1. 未经安全生产培训合格的从业人员上岗作业。 2. 从业人员未每年接受再培训，或培训时间少于规定学时。 3. 离岗一年重新上岗、转换工作岗位的人员，上岗前未进行岗前培训。 4. 新员工未进行三级安全教育培训就上岗，或培训时间不得少于规定学时。 5. 企业使用被派遣劳动者的，没有进行岗位安全操作规程和安全操作技能的教育和培训。 6. 在新技术、新设备投入使用前，没有对管理和操作人员进行专项培训。 7. 接收中等职业学校、高等学校学生实习的，未对实习学生进行相应的安全生产教育和培训	较大	1. 未经安全生产培训合格的从业人员，不得上岗作业。 2. 从业人员应每年接受再培训，培训时间不得少于规定学时。 3. 对离岗一年重新上岗、转换工作岗位的人员，应进行岗前培训。培训内容应包括安全法律法规、安全管理制度、岗位操作规程、风险和危害告知等，与新岗位安全生产要求相符合。 4. 应对新员工进行三级安全教育培训，经考核合格后，方可上岗。培训时间不得少于规定学时。 5. 企业使用被派遣劳动者的，应纳入本企业从业人员统一管理，进行岗位安全操作规程和安全操作技能的教育和培训。 6. 应在新技术、新设备投入使用前，对管理和操作人员进行专项培训。 7. 生产经营单位接收中等职业学校、高等学校学生实习的，应当对实习学生进行相应的安全生产教育和培训，提供必要的劳动防护用品。学校应当协助生产经营单位对实习学生进行安全生产教育和培训	1.《中华人民共和国安全生产法》第二十八条。 2.《中华人民共和国安全生产法》第二十九条。 3.《交通运输企业安全生产标准化建设基本规范　第1部分：总体要求》（JT/T 1180.1—2018）第5.6.4条
5	规范档案	—	未建立安全生产教育和培训档案	一般	建立安全生产教育和培训档案，如实记录安全生产教育和培训的时间、内容、参加人员以及考核结果等情况	1.《中华人民共和国安全生产法》第二十八条。 2.《交通运输企业安全生产标准化建设基本规范　第1部分：总体要求》（JT/T 1180.1—2018）第5.6.5条

附表 1-27

风险管理风险辨识评估分级清单

序号	风险点	风险事件（事故类型）	致险因素	风险等级	控制措施	引用的标准 / 规范
1	风险辨识	—	1. 未制订风险辨识规则，未明确风险辨识的范围、方式和程序。 2. 未系统、全面并进行动态更新风险辨识。 3. 风险辨识未涉及所有的工作人员（包括外部人员）、工作过程和工作场所	较大	1. 企业应制订风险辨识规则，明确风险辨识的范围、方式和程序。 2. 风险辨识应系统、全面，并进行动态更新。 3. 风险辨识应涉及所有的工作人员（包括外部人员）、工作过程和工作场所。安全生产风险辨识结束后应形成风险清单	《交通运输企业安全生产标准化建设基本规范　第1部分：总体要求》（JT/T 1180.1—2018）第 5.7.2 条
2	风险评估	—	1. 未从发生危险的可能性和严重程度等方面对风险因素进行分析。 2. 未依据风险评估规则对风险清单进行逐项评估确定风险等级	较大	1. 企业应从发生危险的可能性和严重程度等方面对风险因素进行分析，选定合适的风险评估方法，明确风险评估规则。 2. 企业应依据风险评估规则，对风险清单进行逐项评估，确定风险等级	《交通运输企业安全生产标准化建设基本规范　第1部分：总体要求》（JT/T 1180.1—2018）第 5.7.3 条
3	风险监测	—	1. 未根据风险评估结果及经营运行情况等确定控制措施。 2. 未将安全风险评估结果及所采取的控制措施告知相关从业人员。 3. 未建立风险动态监控机制，未按要求对风险进行控制和监测，未及时掌握风险的状态和变化趋势	较大	1. 企业应根据风险评估结果及经营运行情况等，按以下顺序确定控制措施：①消除；②替代；③工程控制措施；④设置标志警告和（或）管理控制措施；⑤个体防护装备等。 2. 企业应将安全风险评估结果及所采取的控制措施告知相关从业人员，使其熟悉工作岗位和作业环境中存在的安全风险，掌握、落实应采取的控制措施。 3. 企业应建立风险动态监控机制，网上全天候巡查，对一些特殊路段交通监控必须全覆盖，需配套设置高音喇叭等，按要求对风险进行控制和监测，及时掌握风险的状态和变化趋势，以确保风险得到有效控制	《交通运输企业安全生产标准化建设基本规范　第1部分：总体要求》（JT/T 1180.1—2018）第 5.7.4 条

续上表

序号	风险点	风险事件（事故类型）	致险因素	风险等级	控制措施	引用的标准/规范
4	重大风险管控	—	1. 未对重大风险进行登记建档，未设置重大风险监控系统，未制订动态监测计划，未单独编制专项应急措施。 2. 未在重大风险所在场所设置明显的安全警示标志，未对进入重大风险影响区域的人员组织开展安全防范应急逃生避险和应急处置等相关培训和演练。 3. 未将本单位重大风险有关信息通过公路水路行业安全生产风险管理信息系统进行登记，构成重大危险源的未向属地负有安全生产监督管理职责的交通运输管理部门备案	重大	1. 企业对重大风险进行登记建档，设置重大风险监控系统，制订动态监测计划，并单独编制专项应急措施。 2. 企业应当在重大风险所在场所设置明显的安全警示标志，对进入重大风险影响区域的人员组织开展安全防范应急逃生避险和应急处置等相关培训和演练。 3. 企业应当将本单位重大风险有关信息通过公路水路行业安全生产风险管理信息系统进行登记，构成重大危险源的应向属地负有安全生产监督管理职责的交通运输管理部门备案	《交通运输企业安全生产标准化建设基本规范　第1部分：总体要求》（JT/T 1180.1—2018）第5.7.5条
5	预测预警	—	1. 未根据生产经营状况、安全风险管理及隐患排查治理、事故等情况运用定量或定性的安全生产预测预警技术，未建立企业安全生产状况及发展趋势的安全生产预测预警机制。 2. 当风险因素达到预警条件的，未及时发出预警信息，未立即采取针对性措施	较大	1. 企业应根据生产经营状况、安全风险管理及隐患排查治理、事故等情况，运用定量或定性的安全生产预测预警技术，建立企业安全生产状况及发展趋势的安全生产预测预警机制。 2. 当风险因素达到预警条件的，企业应及时发出预警信息，并立即采取针对性措施，防范安全生产事故发生	《交通运输企业安全生产标准化建设基本规范　第1部分：总体要求》（JT/T 1180.1—2018）第5.7.6条

现场管理风险辨识评估分级清单

附表 1-28

序号	风险点	风险事件（事故类型）	致险因素	风险等级	控制措施	引用的标准/规范
1	现场作业管理	—	1. 未建立涉路作业管理制度，未明确责任部门、作业人员、审批相关要求等，未严格按要求执行。 2. 未在下达生产任务的同时布置安全生产工作要求。 3. 未严格执行操作规程和安全生产作业规定。 4. 未指定专人对养护、清障救援等危险作业进行现场管理。 5. 未建立和执行现场安全检查制度。 6. 未制订收费、道路巡查、养护施工、清障救援等作业规程，未严格监督实施。 7. 高速公路收费养护、清障救援等从业人员不符合相关要求。 8. 企业在实施需封（占）道的检测、养护、施工等危险性较高作业活动前，未向交通主管部门报备并严格履行审批手续，作业方案未包含危险有害因素分析和安全措施等内容。 9. 未及时公告施工、检测、清障救援等作业信息	较大	1. 企业应建立涉路作业管理制度，明确责任部门、作业人员、审批相关要求等，并严格按要求执行。 2. 企业应在下达生产任务的同时，布置安全生产工作要求。 3. 企业应严格执行操作规程和安全生产作业规定，严禁违章指挥、违章操作、违反劳动纪律，正确使用安全防护用具。 4. 企业应指定专人对养护、清障救援等危险作业进行现场管理。 5. 企业应建立和执行现场安全检查制度，无关人员不准许进入作业区域。 6. 企业应制订收费、道路巡查、养护施工、清障救援等作业规程，并严格监督实施。 7. 高速公路收费养护、清障救援等从业人员应符合相关要求。 8. 企业在实施需封（占）道的检测、养护、施工等危险性较高作业活动前，应向交通主管部门报备并严格履行审批手续，作业方案应包含危险有害因素分析和安全措施等内容。 9. 企业应及时公告施工、检测、清障救援等作业信息，向通行车辆和人员警示、提示	《交通运输企业安全生产标准化建设基本规范　第18部分：高速公路运营企业》（JT/T 1180.18—2018）第6.5.1条

续上表

序号	风险点	风险事件（事故类型）	致险因素	风险等级	控制措施	引用的标准/规范
2	设施设备管理	—	1. 设施设备建设不符合现行《工业企业总平面设计规范》（GB 50187）、《建筑设计防火规范》（GB 50016）、《建筑灭火器配置设计规范》（GB 50140）等的规定；建设项目的安全设施和职业病防护设施未与建设项目主体工程同时设计、同时施工、同时投入生产和使用；未按照有关规定进行建设项目安全生产、职业病危害评价，未严格履行建设项目安全设施和职业病防护设施设计审查、施工、试运行、竣工验收等管理程序。 2. 未执行设施设备采购、到货验收制度，购置、使用设计不符合要求、质量不合格的设施设备；设施设备安装后未进行验收，未对相关过程及结果进行记录。 3. 未对设施设备进行规范化管理，未建立设施设备管理台账；未安排专人负责管理各种安全设施以及检测与监测设备，未定期检查维护并做好记录。	较大	1. 设施设备建设：企业总平面布置应符合现行《工业企业总平面设计规范》（GB 50187）的规定，建筑设计防火和建筑灭火器配置应分别符合《建筑设计防火规范》（GB 50016）和《建筑灭火器配置设计规范》（GB 50140）的规定；建设项目的安全设施和职业病防护设施应与建设项目主体工程同时设计、同时施工、同时投入生产和使用；企业应按照有关规定进行建设项目安全生产、职业病危害评价，严格履行建设项目安全设施和职业病防护设施设计审查、施工、试运行、竣工验收等管理程序。 2. 设施设备验收：企业应执行设施设备采购、到货验收制度，购置、使用设计符合要求、质量合格的设施设备；设施设备安装后企业应进行验收，并对相关过程及结果进行记录。 3. 设施设备运行：企业应对设施设备进行规范化管理，建立设施设备管理台账；企业应有专人负责管理各种安全设施以及检测与监测设备，定期检查维护并做好记录；企业应针对高温、高压和生产、使用、储存易燃、易爆、有毒、有害物质等高风险设备，建立运行、巡检、保养的专项安全管理制度，确保其始终处于安全可靠的运行状态；安全设施和职业病防护设施不应随意拆除、挪用或弃置不用；确因检维修拆除的，应采取临时安全措施，检维修完毕后立即复原。	《企业安全生产标准化基本规范》（GB/T 33000—2016）第 5.4.1 条

续上表

序号	风险点	风险事件（事故类型）	致险因素	风险等级	控制措施	引用的标准/规范
2	设施设备管理	—	4. 未建立设施设备检维修管理制度，未制订综合检维修计划，未加强日常检维修和定期检维修管理，未落实“五定”原则。 5. 特种设备未按照有关规定，委托具有专业资质的检测、检验机构进行定期检测、检验。 6. 未建立设施设备报废管理制度	较大	4. 设施设备检维修：企业应建立设施设备检维修管理制度，制订综合检维修计划，加强日常检维修和定期检维修管理，落实“五定”原则，即定检维修方案、定检维修人员、定安全措施、定检维修质量、定检维修进度，并做好记录；检维修方案应包含作业安全风险分析、控制措施、应急处置措施及安全验收标准。检维修过程中应执行安全控制措施，隔离能量和危险物质，并进行监督检查，检维修后应进行安全确认。 5. 检测检验：特种设备应按照有关规定，委托具有专业资质的检测、检验机构进行定期检测、检验。 6. 设施设备拆除、报废：企业应建立设施设备报废管理制度。设施设备的报废应办理审批手续，在报废设施设备拆除前应制订方案，并在现场设置明显的报废设施设备标志。报废、拆除涉及许可作业的，应按照规定执行，并在作业前对相关作业人员进行培训和安全技术交底；报废、拆除应按方案和许可内容组织落实	《企业安全生产标准化基本规范》（GB/T 33000—2016）第5.4.1条

续上表

序号	风险点	风险事件（事故类型）	致险因素	风险等级	控制措施	引用的标准/规范
3	作业安全	—	1. 对危险性较大的作业活动，未实施作业许可管理，未严格履行作业许可审批手续；未对作业人员的上岗资格条件等进行作业前的安全检查；未采取可靠的安全技术措施，对设备能量和危险有害物质进行屏蔽或隔离；两个以上作业队伍在同一作业区域内进行作业活动时，不同作业队伍相互之间未签订管理协议。 2. 违反生产作业组织和管理。	较大	1. 企业应对临近高压输电线路作业、危险场所动火作业、有（受）限空间作业、临时用电作业、爆破作业、封道作业等危险性较大的作业活动，实施作业许可管理，严格履行作业许可审批手续；作业许可应包含安全风险分析、安全及职业病危害防护措施、应急处置等内容，作业许可实行闭环管理；企业应对作业人员的上岗资格条件等进行作业前的安全检查，做到特种作业人员持证上岗，并安排专人进行现场安全管理，确保作业人员遵守岗位操作规程和落实安全及职业病危害防护措施；企业应采取可靠的安全技术措施，对设备能量和危险有害物质进行屏蔽或隔离；两个以上作业队伍在同一作业区域内进行作业活动时，不同作业队伍相互之间应签订管理协议，明确各自的安全生产、职业卫生管理职责和采取的有效措施，并指定专人进行检查与协调。 2. 企业应依法合理进行生产作业组织和管理，加强对从业人员作业行为的安全管理，对设施设备、工艺技术以及从业人员作业行为等进行安全风险辨识，采取相应的措施，控制作业行为安全风险；企业应监督、指导从业人员遵守安全生产和职业卫生规章制度、操作规程，杜绝违章指挥、违规作业和违反劳动纪律的“三违”行为；企业应为从业人员配备与岗位安全风险相适应的，符合《个体防护装备选用规范》（GB/T 11651—2022）规定的个体防护装备与用品，并监督、指导从业人员按照有关规定正确佩戴、使用、维护、保养和检查个体防护装备与用品。	《企业安全生产标准化基本规范》（GB/T 33000—2016）第5.4.2条

续上表

序号	风险点	风险事件（事故类型）	致险因素	风险等级	控制措施	引用的标准 / 规范
3	作业安全	—	3. 未建立班组安全活动管理制度；各班组未按照有关规定开展安全生产和职业卫生教育培训、安全操作技能训练、岗位作业危险预知、作业现场隐患排查、事故分析等工作。 4. 未建立承包商、供应商等安全管理制度；未建立合格承包商、供应商等相关方的名录和档案；将项目委托给不具备相应资质或安全生产、职业病防护条件的承包商、供应商等相关方；未与承包商、供应商等签订合作协议，明确规定双方的安全生产及职业病防护的责任和义务	较大	3. 企业应建立班组安全活动管理制度，开展岗位达标活动，明确岗位达标的内容和要求；从业人员应熟练掌握本岗位安全职责、安全生产和职业卫生操作规程、安全风险及管控措施、防护用品使用、自救互救及应急处置措施；各班组应按照有关规定开展安全生产和职业卫生教育培训、安全操作技能训练、岗位作业危险预知、作业现场隐患排查、事故分析等工作，并做好记录。 4. 企业应建立承包商、供应商等安全管理制度，将承包商、供应商等相关方的安全生产和职业卫生纳入企业内部管理，对承包商、供应商等相关方的资格预审、选择、作业人员培训、作业过程检查监督、提供的产品与服务、绩效评估、续用或退出等进行管理；企业应建立合格承包商、供应商等相关方的名录和档案，定期识别服务行为安全风险，并采取有效的控制措施；企业不应将项目委托给不具备相应资质或安全生产、职业病防护条件的承包商、供应商等相关方；企业应与承包商、供应商等签订合作协议，明确规定双方的安全生产及职业病防护的责任和义务；企业应通过供应链关系促进承包商、供应商等相关方达到安全生产标准化要求	《企业安全生产标准化基本规范》（GB/T 33000—2016）第 5.4.2 条

续上表

序号	风险点	风险事件（事故类型）	致险因素	风险等级	控制措施	引用的标准 / 规范
4	职业健康	—	1. 未提供符合职业卫生要求的工作环境和条件，未为接触职业病危害的从业人员提供个人使用的职业病防护用品，未建立、健全职业卫生档案和健康监护档案；产生职业病危害的工作场所未设置相应的职业病防护设施。 2. 与从业人员订立劳动合同时，未将工作过程中可能产生的职业病危害及其后果和防护措施如实告知从业人员；未按照有关规定，在醒目位置设置公告栏，公布有关职业病防治的规章制度、操作规程、职业病危害事故应急救援措施和工作场所职业病危害因素检测结果。 3. 未按照有关规定，及时、如实向所在地安全监管部门申报职业病危害项目，未及时更新信息。	较大	1. 企业应为从业人员提供符合职业卫生要求的工作环境和条件，为接触职业病危害的从业人员提供个人使用的职业病防护用品，建立、健全职业卫生档案和健康监护档案；产生职业病危害的工作场所应设置相应的职业病防护设施，并符合现行《工业企业设计卫生标准》（GB Z1—2010）的规定。 2. 企业与从业人员订立劳动合同时，应将工作过程中可能产生的职业病危害及其后果和防护措施如实告知从业人员，并在劳动合同中写明；企业应按照有关规定，在醒目位置设置公告栏，公布有关职业病防治的规章制度、操作规程、职业病危害事故应急救援措施和工作场所职业病危害因素检测结果；对存在或产生职业病危害的工作场所、作业岗位、设备、设施，应在醒目位置设置警示标识和中文警示说明；使用有毒物品作业场所，应设置黄色区域警示线、警示标识和中文警示说明；高毒作业场所应设置红色区域警示线、警示标识和中文警示说明，并设置通信报警设备；高毒物品作业岗位职业病危害告知应符合现行《高毒物品作业岗位职业病危害告知规范》（GBZ/T 203）的规定。 3. 企业应按照有关规定，及时、如实向所在地安全监管部门申报职业病危害项目，并及时更新信息。	《企业安全生产标准化基本规范》（GB/T 33000—2016）第 5.4.3 条

续上表

序号	风险点	风险事件（事故类型）	致险因素	风险等级	控制措施	引用的标准 / 规范
4	职业健康	—	4. 未改善工作场所职业卫生条件，职业病危害因素浓（强）度超过现行《工作场所有害因素职业接触限值　第 1 部分：化学有害因素》（GBZ 2.1）、《工作场所有害因素职业接触限值　第 2 部分：物理因素》（GBZ 2.2）规定的限值；未对工作场所职业病危害因素进行日常监测	较大	4. 企业应改善工作场所职业卫生条件，控制职业病危害因素浓（强）度不超过现行《工作场所有害因素职业接触限值　第 1 部分：化学有害因素》（GBZ 2.1）、《工作场所有害因素职业接触限值　第 2 部分：物理因素》（GBZ 2.2）规定的限值；企业应对工作场所职业病危害因素进行日常监测，并保存监测记录；存在职业病危害的，应委托具有相应资质的职业卫生技术服务机构进行定期检测，每年至少进行一次全面的职业病危害因素检测；职业病危害严重的，应委托具有相应资质的职业卫生技术服务机构，每 3 年至少进行一次职业病危害现状评价检测，评价结果存入职业卫生档案，并向安全监管部门报告，向从业人员公布；定期检测结果中职业病危害因素浓度或强度超过职业接触限值的，企业应根据职业卫生技术服务机构提出的整改建议，结合本单位的实际情况，制订切实有效的整改方案，立即进行整改；整改落实情况应有明确的记录并存入职业卫生档案备查	《企业安全生产标准化基本规范》（GB/T 33000—2016）第 5.4.3 条

续上表

序号	风险点	风险事件（事故类型）	致险因素	风险等级	控制措施	引用的标准 / 规范
5	警示标志	—	1. 未按照有关规定和工作场所的安全风险特点，在有重大危险源、较大危险因素和严重职业病危害因素的工作场所，未设置明显的、符合有关规定要求的安全警示标志和职业病危害警示标识。 2. 未定期对警示标志进行检查维护。 3. 未在设施设备施工、吊装、检维修等作业现场设置警戒区域和警示标志，未在检维修现场的坑、井、渠、沟、陡坡等场所设置围栏和警示标志，进行危险提示、警示，告知危险的种类、后果及应急措施等	一般	1. 企业应按照有关规定和工作场所的安全风险特点，在有重大危险源、较大危险因素和严重职业病危害因素的工作场所，设置明显的、符合有关规定要求的安全警示标志和职业病危害警示标识；其中，警示标志的安全色和安全标志应分别符合现行《安全色》（GB 2893）和《安全标志及其使用导则》（GB 2894）的规定，道路交通标志和标线应符合现行《道路交通标志和标线》（GB 5768）（所有部分）的规定，工业管道安全标识应符合现行《工业管道的基本识别色、识别符号和安全标识》（GB 7231）的规定，消防安全标志应符合现行《消防安全标志　第一部分：标志》（GB 13495.1）的规定，工作场所职业病危害警示标识应符合现行《工作场所职业病危害警示标识》（GBZ 158）的规定；安全警示标志和职业病危害警示标识应标明安全风险内容、危险程度、安全距离、防控办法、应急措施等内容；在有重大隐患的工作场所和设施设备上设置安全警示标志，标明治理责任、期限及应急措施；在有安全风险的工作岗位设置安全告知卡，告知从业人员本企业、本岗位主要危险有害因素、后果、事故预防及应急措施、报告电话等内容。 2. 企业应定期对警示标志进行检查维护，确保其完好有效。 3. 企业应在设施设备施工、吊装、检维修等作业现场设置警戒区域和警示标志，在检维修现场的坑、井、渠、沟、陡坡等场所设置围栏和警示标志，进行危险提示、警示，告知危险的种类、后果及应急措施等	《企业安全生产标准化基本规范》（GB/T 33000—2016）第 5.4.4 条

应急管理风险辨识评估分级清单

附表 1-29

序号	风险点	风险事件（事故类型）	致险因素	风险等级	控制措施	引用的标准 / 规范
1	应急预案	—	1. 未建立生产安全事故应急预案体系，或应急预案不符合现行《生产经营单位生产安全事故应急预案编制导则》（GB/T 29639）的规定。 2. 未针对安全风险较大的重点场所（设施）制订现场处置方案，未编制重点岗位、人员应急处置卡。 3. 应急预案未与当地政府、行业管理部门预案保持衔接。 4. 应急预案没有报当地有关部门备案，没有通报有关协作单位。 5. 未开展应急预案评审或论证。 6. 未定期对应急预案进行评估和修订。 7. 没有对重大危险源登记建档，没有进行定期检测、评估、监控，并制订应急预案，没有告知从业人员和相关人员在紧急情况下应当采取的应急措施	重大	1. 根据现行《生产经营单位生产安全事故应急预案编制导则》（GB/T 29639）的规定，建立生产安全事故应急预案体系。 2. 根据“三化一卡”的要求，制订现场处置方案、重点岗位、人员应急处置卡。 3. 在制订应急预案时，注意与当地政府、行业管理部门预案保持衔接。 4. 应急预案报当地安全生产监督管理部门和有关主管部门备案。 5. 制订应急预案时，开展应急预案评审或论证，并按相关意见修改预案。 6. 应急预案至少每三年修订一次，预案修订情况应有记录并归档。 7. 对重大危险源登记建档，进行定期检测、评估、监控，并制订应急预案，告知从业人员和相关人员在紧急情况下应当采取的应急措施。重大危险源辨识依据《危险化学品重大危险源辨识》（GB 18218—2018）、《危险化学品重大危险源监督管理暂行规定》（国家安全生产监督管理总局令第 40 号）执行。按照公司《重大危险源安全管理制度》执行	1.《中华人民共和国安全生产法》第四十条。 2.《交通运输企业安全生产标准化建设基本规范　第 1 部分：总体要求》（JT/T 1180.1—2018）第 5.11.1 条
2	应急队伍	—	1. 未指定兼职救援人员。 2. 未与邻近专业应急救援队伍签订应急救援服务协议	较大	1. 鼓励建立应急队伍。按照有关规定可以不单独建立应急救援队伍的，应指定兼职救援人员。 2. 鼓励建立应急队伍。按照有关规定可以不单独建立应急救援队伍的，应与邻近专业应急救援队伍签订应急救援服务协议	1.《企业安全生产标准化基本规范》（GB/T 33000—2016）第 5.6.1 条。 2.《交通运输企业安全生产标准化建设基本规范　第 1 部分：总体要求》（JT/T 1180.1—2018）第 5.11.2 条

续上表

序号	风险点	风险事件（事故类型）	致险因素	风险等级	控制措施	引用的标准 / 规范
3	应急物资	—	1. 未设置应急设施，配备应急装备，储备应急物资。 2. 未建立管理台账，或未对台账进行管理维护	较大	1. 企业应根据可能发生的事故种类特点，按照有关规定设置应急设施，配备应急装备，储备应急物资。 2. 企业应建立管理台账，安排专人管理，并定期检查、维护、保养，确保其完好、可靠	《交通运输企业安全生产标准化建设基本规范　第 1 部分：总体要求》（JT/T 1180.1—2018）第 5.11.3 条
4	应急演练	—	未定期组织开展生产安全事故应急演练	较大	企业应按照现行《生产安全事故应急演练基本规范》（AQ/T 9007）的规定定期组织开展生产安全事故应急演练，做到一线从业人员参与应急演练全覆盖，并按照现行《生产安全事故应急演练基本规范》（AQ/T 9007）的规定对演练进行总结和评估，根据评估结论和演练发现的问题，修订、完善应急预案，改进应急准备工作	《交通运输企业安全生产标准化建设基本规范　第 1 部分：总体要求》（JT/T 1180.1—2018）第 5.11.4 条
5	应急评估	—	未对应急准备、应急处置工作进行评估	一般	对完成险情或事故应急处置后，企业应主动配合有关组织开展应急处置评估	《交通运输企业安全生产标准化建设基本规范　第 1 部分：总体要求》（JT/T 1180.1—2018）第 5.11.6 条

事故管理风险辨识评估分级清单

附表 1-30

序号	风险点	风险事件（事故类型）	致险因素	风险等级	控制措施	引用的标准 / 规范
1	事故报告	—	1. 未建立事故报告程序。 2. 未明确事故内外部报告的责任人、时限、内容等。 3. 未教育、指导从业人员严格按照有关规定的程序报告发生的生产安全事故。 4. 发生事故时，现场负责人未采取有效措施，组织抢救，导致事故扩大，人员伤亡和财产损失增加。 5. 未及时，如实向有关部门报告，有瞒报、谎报、迟报情况。 6. 未及时续报事故信息	较大	1. 在应急预案中建立事故报告程序，对作业人员进行培训，并进行应急演练。 2. 在应急预案中，明确事故内外部报告的责任人、时限、内容等，并进行应急演练。 3. 将事故报告内容：事故发生概况；事故发生时间、地点以及事故现场情况；事故简要经过；事故已造成或者可能造成的伤亡人数（包括失踪的人数）；水域环境污染情况初步估计的直接经济损失；已经采取的措施等相关内容加入三级安全教育并落实。 4. 发生事故时，现场负责人应及时采取有效措施，组织抢救，防止事故扩大，减少人员伤亡和财产损失。 5. 对相关人员进行事故发生后上报程序培训，不得瞒报、谎报、迟报。 （1）发生死亡 3 人以上的较大事故，或因事故断道 1h 以上，以及涉及交通部门责任的一般事故，实行一事一报。公司路安部要在 2h 之内书面报公司安全生产委员会审核并上报藏高公司安全委员会办公室。同时跟踪掌握事态进展和处理情况，随时续报，直至事情处理完毕。 （2）凡发生一次死亡 1 人以上、重伤 2 人以上，高速公路发生 3 车以上连续追尾、“二次事故”、车辆燃烧或危险化学品泄漏的一般事故，路安部当天及时报公司安全生产委员会审核并报告藏高公司路安部。 （3）安全生产主管部门接到信息反馈后，应对所反馈的情况结合现场实际状况定期归类、统计、分析，并在安全生产办公会议上对存在的问题进行分析、指导。协助、督促基层单位解决、处理好各类反馈问题。 6. 应跟踪事故发生情况，及时续报事故信息	《交通运输企业安全生产标准化建设基本规范　第 1 部分：总体要求》（JT/T 1180.1—2018）第 5.12.1 条

续上表

序号	风险点	风险事件（事故类型）	致险因素	风险等级	控制措施	引用的标准/规范
2	事故调查与处理	—	1. 未建立内部事故调查和处理制度。 2. 未将造成人员伤亡（轻伤、重伤、死亡等人身伤害和急性中毒）和财产损失的事故纳入事故调查和处理范畴。 3. 未按时提交事故调查报告，分析事故原因，落实整改情况	较大	1. 建立内部事故调查和处理制度。 2. 企业应按照有关规定、行业标准和国际通行做法，将造成人员伤亡（轻伤、重伤、死亡等人身伤害和急性中毒）和财产损失的事故纳入事故调查和处理范畴。 3. 应按时提交事故调查报告，分析事故原因，落实整改情况	《交通运输企业安全生产标准化建设基本规范　第1部分：总体要求》（JT/T 1180.1—2018）第5.12.2条
3	事故档案管理	—	未建立事故档案和管理台账	一般	建立事故档案和管理台账，将承包商、供应商等相关方在企业内部发生的事故纳入本企业事故管理	《交通运输企业安全生产标准化建设基本规范　第1部分：总体要求》（JT/T 1180.1—2018）第5.12.3条

持续改进风险辨识评估分级清单

附表1-31

序号	风险点	风险事件（事故类型）	致险因素	风险等级	控制措施	引用的标准/规范
1	绩效评定	—	1. 未每年对本单位安全生产标准化的运行情况进行自评。 2. 企业主要负责人未全面负责自评工作。 3. 自评未形成正式文件，或未将结果向所有部门、所属单位和从业人员通报。	较小	1. 将本单位安全生产标准化的自评纳入年度计划。 2. 在绩效考核制度中，规定企业主要负责人应全面负责自评工作。 3. 在绩效考核制度中规定，将自评形成正式文件。	《交通运输企业安全生产标准化建设基本规范　第1部分：总体要求》（JT/T 1180.1—2018）第5.13.1条

续上表

序号	风险点	风险事件（事故类型）	致险因素	风险等级	控制措施	引用的标准／规范
1	绩效评定	—	4. 未将自评结果作为年度考评的重要依据	较小	4. 在绩效考核制度中规定，将评定结果向所有部门、所属单位和从业人员通报，作为年度考评的重要依据。公司安全生产委员会代表公司监督检查公司安全方针和目标的执行情况，并由路安部每年最后一个月或发生特殊、重大生产情况时现场检查、信息采集、编写评估报告。 5. 针对安全生产方针和目标的执行情况，由路安部根据收集的信息和安全生产目标考核办法表，在考核评估后的下一月份完成考核	《交通运输企业安全生产标准化建设基本规范　第1部分：总体要求》（JT/T 1180.1—2018）第5.13.1条
2	持续改进	—	未持续改进，未及时调整完善安全生产目标、指标、规章制度、操作规程等相关管理文件	较小	1. 公司负责根据安全生产标准化管理体系的自评结果和安全生产预测预警系统所反映的趋势，以及绩效评定情况，客观分析企业安全生产标准化管理体系的运行质量，及时调整完善安全生产目标、指标、规章制度、操作规程等相关管理文件和过程管控，持续改进，不断提高安全生产绩效。 2. 公司安全生产委员会负责组织本制度的编写、评审、修订、监督检查、发布和考核等工作。 3. 路安部负责开展本制度的起草、评审、修订，编制和评审公司的《安全生产责任制度汇编》，并组织本制度和安全职责的培训和考核。 4. 公司董事长负责签发本制度和《安全生产责任制度汇编》，并为责任制的落实提供必要人力和物资	《交通运输企业安全生产标准化建设基本规范　第1部分：总体要求》（JT/T 1180.1—2018）第5.13条

附录 2
高速公路运营期间事故隐患定级影响因素相对重要性的调查问卷

尊敬的专家：

您好！非常感谢您对本次调查的大力支持和信任。

《安全生产事故隐患排查治理暂行规定》将安全生产事故隐患分级分为一般事故隐患和重大事故隐患。其中，重大事故隐患是指“危害和整改难度较大，应当全部或者局部停产停业，并经过一定时间整改治理方能排除的隐患，或者因外部因素影响致使生产经营单位自身难以排除的隐患”。但该规定未提出具体的量化定级标准。

为科学判定公路工程生产安全事故隐患，防范高速公路运营期间的生产安全事故，我们初步将高速公路运营期间事故隐患定级的影响因素归纳为整改时间、整改预算、影响通行、风险等级、社会影响 5 个方面。现就这 5 个因素间相对的重要性征求意见。我们真诚地希望您提供宝贵的意见和建议。

1. 在判定事故隐患等级时，“整改时间”相对于“整改预算”来说（　　）。

A. 同等重要　　B. 稍微重要　　C. 比较重要
D. 十分重要　　E. 绝对重要　　F. 稍微不重要
G. 比较不重要　　H. 十分不重要　　I. 绝对不重要

2. 在判定事故隐患等级时，“整改时间”相对于“影响通行”来说（　　）。

A. 同等重要　　B. 稍微重要　　C. 比较重要
D. 十分重要　　E. 绝对重要　　F. 稍微不重要
G. 比较不重要　　H. 十分不重要　　I. 绝对不重要

3. 在判定事故隐患等级时，“整改时间”相对于“风险等级”来说（　　）。

A. 同等重要　　B. 稍微重要　　C. 比较重要
D. 十分重要　　E. 绝对重要　　F. 稍微不重要
G. 比较不重要　　H. 十分不重要　　I. 绝对不重要

4. 在判定事故隐患等级时，“整改时间”相对于“社会影响”来说（ ）。

A. 同等重要 B. 稍微重要 C. 比较重要
D. 十分重要 E. 绝对重要 F. 稍微不重要
G. 比较不重要 H. 十分不重要 I. 绝对不重要

5. 在判定事故隐患等级时，“整改预算”相对于“影响通行”来说（ ）。

A. 同等重要 B. 稍微重要 C. 比较重要
D. 十分重要 E. 绝对重要 F. 稍微不重要
G. 比较不重要 H. 十分不重要 I. 绝对不重要

6. 在判定事故隐患等级时，“整改预算”相对于“风险等级”来说（ ）。

A. 同等重要 B. 稍微重要 C. 比较重要
D. 十分重要 E. 绝对重要 F. 稍微不重要
G. 比较不重要 H. 十分不重要 I. 绝对不重要

7. 在判定事故隐患等级时，“整改预算”相对于“社会影响”来说（ ）。

A. 同等重要 B. 稍微重要 C. 比较重要
D. 十分重要 E. 绝对重要 F. 稍微不重要
G. 比较不重要 H. 十分不重要 I. 绝对不重要

8. 在判定事故隐患等级时，“影响通行”相对于“风险等级”来说（ ）。

A. 同等重要 B. 稍微重要 C. 比较重要
D. 十分重要 E. 绝对重要 F. 稍微不重要
G. 比较不重要 H. 十分不重要 I. 绝对不重要

9. 在判定事故隐患等级时，“影响通行”相对于“社会影响”来说（ ）。

A. 同等重要 B. 稍微重要 C. 比较重要
D. 十分重要 E. 绝对重要 F. 稍微不重要
G. 比较不重要 H. 十分不重要 I. 绝对不重要

10. 在判定事故隐患等级时，“风险等级”相对于“社会影响”来说（ ）。

A. 同等重要 B. 稍微重要 C. 比较重要
D. 十分重要 E. 绝对重要 F. 稍微不重要
G. 比较不重要 H. 十分不重要 I. 绝对不重要

附录3
高速公路运营期间事故隐患定级影响因素相对重要性的调查结果

调 查 结 果

附表 3-1

序号	答题时间	在判定事故隐患等级时，“整改时间”相对于“整改预算”来说（ ）	在判定事故隐患等级时，“整改时间”相对于“影响通行”来说（ ）	在判定事故隐患等级时，“整改时间”相对于“风险等级”来说（ ）	在判定事故隐患等级时，“整改时间”相对于“社会影响”来说（ ）	在判定事故隐患等级时，“整改预算”相对于“影响通行”来说（ ）	在判定事故隐患等级时，“整改预算”相对于“风险等级”来说（ ）	在判定事故隐患等级时，“整改预算”相对于“社会影响”来说（ ）	在判定事故隐患等级时，“影响通行”相对于“风险等级”来说（ ）	在判定事故隐患等级时，“影响通行”相对于“社会影响”来说（ ）	在判定事故隐患等级时，“风险等级”相对于“社会影响”来说（ ）
1	2 分 3 秒	同等重要	同等重要	比较重要	十分重要	比较重要	十分重要	比较重要	十分重要	十分重要	十分重要
2	1 分 56 秒	十分重要	十分重要	十分重要	同等重要	比较不重要	十分重要	比较不重要	比较重要	十分重要	比较重要
3	5 分 2 秒	绝对重要	十分重要	十分重要	同等重要	比较不重要	同等重要	稍微不重要	比较重要	比较重要	比较不重要
4	2 分 45 秒	绝对重要	同等重要	绝对重要	同等重要	稍微重要	稍微重要	稍微重要	同等重要	同等重要	绝对重要
5	4 分 35 秒	同等重要	十分重要	同等重要	同等重要	绝对重要	同等重要	同等重要	比较不重要	比较不重要	同等重要
6	1 分 53 秒	绝对重要	十分重要	绝对重要	十分重要	稍微重要	同等重要	稍微重要	绝对重要	绝对重要	绝对重要
7	1 分 52 秒	绝对重要	绝对重要	绝对重要	绝对重要	绝对重要	绝对重要	绝对重要	绝对重要	绝对重要	绝对重要
8	3 分 56 秒	同等重要	同等重要	同等重要	同等重要	同等重要	同等重要	同等重要	同等重要	同等重要	同等重要
9	3 分 4 秒	同等重要	比较重要	同等重要	比较重要	同等重要	稍微重要	同等重要	比较重要	稍微重要	比较重要

续上表

序号	答题时间	在判定事故隐患等级时，“整改时间”相对于“整改预算”来说（ ）	在判定事故隐患等级时，“整改时间”相对于“影响通行”来说（ ）	在判定事故隐患等级时，“整改时间”相对于“风险等级”来说（ ）	在判定事故隐患等级时，“整改时间”相对于“社会影响”来说（ ）	在判定事故隐患等级时，“整改预算”相对于“影响通行”来说（ ）	在判定事故隐患等级时，“整改预算”相对于“风险等级”来说（ ）	在判定事故隐患等级时，“整改预算”相对于“社会影响”来说（ ）	在判定事故隐患等级时，“影响通行”相对于“风险等级”来说（ ）	在判定事故隐患等级时，“影响通行”相对于“社会影响”来说（ ）	在判定事故隐患等级时，“风险等级”相对于“社会影响”来说（ ）
10	2分4秒	十分重要	十分重要	十分重要	十分重要	稍微不重要	稍微不重要	稍微不重要	比较重要	比较重要	比较重要
11	4分5秒	比较重要	比较重要	十分重要	同等重要	稍微不重要	同等重要	同等重要	同等重要	同等重要	同等重要
12	4分51秒	绝对重要	同等重要	同等重要	同等重要	比较重要	比较重要	比较重要	稍微不重要	同等重要	比较重要
13	1分27秒	绝对重要	绝对重要	绝对重要	绝对重要	绝对重要	绝对重要	绝对重要	绝对重要	绝对重要	绝对重要
14	1分15秒	同等重要	同等重要	同等重要	同等重要	同等重要	同等重要	同等重要	同等重要	同等重要	同等重要
15	51秒	同等重要	同等重要	同等重要	同等重要	同等重要	同等重要	同等重要	同等重要	同等重要	同等重要
16	2分10秒	比较重要	十分重要	十分重要	十分重要	十分重要	十分重要	十分重要	十分重要	十分重要	十分重要
17	8分35秒	十分重要	十分重要	十分重要	十分重要	比较不重要	十分不重要	比较不重要	十分不重要	十分重要	十分重要
18	2分8秒	同等重要	稍微重要	比较重要	稍微重要	稍微不重要	同等重要	稍微不重要	同等重要	同等重要	同等重要
19	1分4秒	比较重要	稍微重要	同等重要	稍微不重要	稍微不重要	同等重要	稍微重要	同等重要	同等重要	同等重要
20	53秒	同等重要	同等重要	同等重要	同等重要	同等重要	同等重要	同等重要	同等重要	同等重要	同等重要
21	3分1秒	同等重要	比较重要	十分重要	绝对重要	十分重要	比较重要	十分重要	比较重要	同等重要	同等重要
22	1分10秒	十分重要	十分重要	十分重要	绝对重要	十分重要	十分重要	十分重要	十分重要	十分重要	十分重要
23	1分56秒	同等重要	同等重要	同等重要	同等重要	同等重要	同等重要	同等重要	同等重要	同等重要	绝对重要
24	1分58秒	同等重要	比较重要	十分重要	比较重要	比较重要	比较重要	比较重要	比较重要	比较重要	比较重要
25	19分24秒	比较重要	比较重要	同等重要	比较重要	比较重要	同等重要	比较重要	同等重要	比较重要	十分重要
26	8分33秒	绝对重要	同等重要	同等重要	比较重要	比较重要	同等重要	同等重要	稍微重要	同等重要	比较重要
27	3分14秒	同等重要	比较重要	比较重要	比较重要	同等重要	同等重要	同等重要	同等重要	同等重要	稍微重要
28	5分19秒	绝对重要	绝对重要	十分重要	绝对重要	绝对重要	十分重要	比较不重要	比较不重要	比较重要	十分重要
29	1分14秒	比较重要	十分重要	十分重要	十分重要	十分重要	十分重要	十分重要	十分重要	十分重要	十分重要
30	1分17秒	同等重要	十分重要	同等重要	十分重要	同等重要	十分重要	十分重要	同等重要	同等重要	同等重要

续上表

序号	答题时间	在判定事故隐患等级时，“整改时间”相对于“整改预算”来说（ ）	在判定事故隐患等级时，“整改时间”相对于“影响通行”来说（ ）	在判定事故隐患等级时，“整改时间”相对于“风险等级”来说（ ）	在判定事故隐患等级时，“整改时间”相对于“社会影响”来说（ ）	在判定事故隐患等级时，“整改预算”相对于“影响通行”来说（ ）	在判定事故隐患等级时，“整改预算”相对于“风险等级”来说（ ）	在判定事故隐患等级时，“整改预算”相对于“社会影响”来说（ ）	在判定事故隐患等级时，“影响通行”相对于“风险等级”来说（ ）	在判定事故隐患等级时，“影响通行”相对于“社会影响”来说（ ）	在判定事故隐患等级时，“风险等级”相对于“社会影响”来说（ ）
31	1分36秒	同等重要	比较重要	绝对重要	十分不重要	稍微不重要	稍微不重要	稍微不重要	比较不重要	十分重要	稍微不重要
32	1分1秒	十分重要	十分重要	十分重要	十分重要	十分重要	十分重要	十分重要	十分重要	十分重要	十分重要
33	3分9秒	绝对重要	同等重要	稍微重要	稍微重要	稍微不重要	稍微不重要	稍微不重要	同等重要	同等重要	同等重要
34	3分	同等重要	同等重要	同等重要	同等重要	同等重要	同等重要	同等重要	同等重要	同等重要	同等重要
35	3分19秒	同等重要	同等重要	同等重要	同等重要	同等重要	同等重要	同等重要	同等重要	同等重要	同等重要
36	3分18秒	同等重要	同等重要	同等重要	同等重要	同等重要	同等重要	同等重要	同等重要	同等重要	同等重要
37	3分51秒	绝对重要	绝对重要	绝对重要	绝对重要	绝对重要	十分重要	比较重要	绝对重要	绝对重要	绝对重要
38	1分32秒	绝对重要	绝对重要	绝对重要	绝对重要	绝对重要	绝对重要	绝对重要	绝对重要	绝对重要	绝对重要
39	10秒	绝对重要	绝对重要	绝对重要	绝对重要	绝对重要	绝对重要	绝对重要	绝对重要	绝对重要	绝对重要
40	2分59秒	比较重要	绝对重要	绝对不重要	十分重要	绝对重要	十分不重要	绝对不重要	绝对不重要	绝对不重要	绝对不重要
41	1分5秒	同等重要	稍微重要	同等重要	同等重要	同等重要	同等重要	同等重要	同等重要	同等重要	同等重要
42	12分1秒	绝对重要	同等重要	绝对重要	同等重要	绝对不重要	绝对不重要	绝对不重要	绝对重要	绝对重要	稍微重要
43	1分21秒	同等重要	同等重要	同等重要	稍微重要	同等重要	稍微不重要	同等重要	同等重要	同等重要	同等重要
44	2分2秒	十分重要	十分重要	十分重要	十分重要	十分重要	十分重要	十分重要	十分重要	十分重要	十分重要

附录4
相关法律、法规及规范性文件

（1）《中华人民共和国安全生产法》（中华人民共和国主席令第八十八号）

（2）《中华人民共和国道路交通安全法》（中华人民共和国主席令 第八十一号）

（3）《生产安全事故报告和调查处理条例》（中华人民共和国国务院令第493号）

（4）《安全生产事故隐患排查治理暂行规定》（2007年12月28日，国家安全生产监督管理总局令第16号令）

（5）《煤矿重大事故隐患判定标准》（中华人民共和国应急管理部令第4号令）

（6）《关于建立安全隐患排查治理体系的通知》（安委办〔2012〕1号）

（7）《关于实施遏制重特大事故工作指南构建双重预防机制的意见》（安委办〔2016〕11号）

（8）《国务院安全生产委员会办公室关于实施遏制重特大事故工作指南构建双重预防机制的意见》（安委办〔2016〕11号令）

（9）《公路水路行业安全生产风险管理暂行办法》（交安监发〔2017〕60 号）

（10）《化工和危险化学品生产经营单位重大生产安全事故隐患判定标准（试行）》（安监总管三〔2017〕121 号）

（11）《烟花爆竹生产经营单位重大生产安全事故隐患判定标准（试行）》（安监总管三〔2017〕121 号）

（12）《水上客运重大事故隐患判定指南（暂行）》（交办海〔2017〕170 号）

（13）《公路水路行业安全生产风险辨识评估管控基本规范（试行）》（交办安监〔2018〕135号）

（14）《道路运输安全生产工作计划（2018—2020年）》的通知（交办运〔2018〕74号）

（15）《中国石化重大生产安全事故隐患判定标准指南(试行）》(中国石化安〔2018〕224号）

（16）《关于进一步加强隐患排查治理体系建设示范试点工作的通知》（安委办〔2018〕15号）
（17）《关于全面加强危险化学品运输安全生产工作的意见》（交安监发〔2020〕46号）
（18）《交通运输部关于深化防范化解安全生产重大风险工作的意见》（交安监发〔2021〕2号）
（19）《金属非金属矿山重大事故隐患判定标准》（矿安〔2022〕88号）
（20）《工贸企业重大生产安全事故隐患判定标准（2023 版）》（中华人民共和国应急管理部令第10号）
（21）《企业职工伤亡事故分类标准》（GB 6441—1986）
（22）《重大火灾隐患判定方法》（GB 35181—2017）
（23）《生产过程危险和有害因素分类与代码》（GB/T 13861—2022）
（24）《公路养护技术规范》（JTG H10—2009）
（25）《公路隧道养护技术规范》（JTG H12—2015）
（26）《交通运输企业安全生产标准化建设基本规范　第1部分：总体要求》（JT／T 1180.1—2018）
（27）《交通运输企业安全生产标准化建设基本规范　第18部分：高速公路运营企业》（JT／T 1180.18—2018）
（28）《交通运输企业安全生产标准化建设基本规范　第19部分：公路隧道运营企业》（JT／T 1180.19—2018）
（29）《公路桥涵养护规范》（JTG 5120—2021）

参考文献

[1] 刘景凯．中国石油集团HSE管理体系基层运行模式的管理实践［J］．中国安全生产科学技术，2007，3（1）：111-115.

[2] 万古军．基于风险值的中国石化安全风险量化分级管控［J］．安全、健康和环境，2018，18（1）：4.

[3] 曹杨，胡忠前，吕松松，等．海洋石油重大事故隐患判定标准依据探析［J］．天然气与石油，2021，39（4）：7.

[4] 沈静涛．一种事故隐患等级定量划分方法［J］．安全，2020，41：61-66.

[5] 黄国辉．应用Grahan-Kinney评危法评定火灾隐患［J］．消防科学与技术，1991，1：37-38.

[6] 李祯．火灾隐患风险分析模型研究［J］．消防科学与技术，2005，24（B03）：2.

[7] 于忠林，刘志强．浅谈火灾隐患及其认定标准［J］．安防科技，2005，5：51-53.

[8] 刘振伟．建筑物火灾隐患分类分级研究［D］．北京：中国地质大学（北京），2015.

[9] 李鹏举，张保，余珍．粉尘爆炸危险场所重大隐患与典型控制措施分析［J］．河南科技，2018，34：2.

[10] 王靖瑶，谢许增，赵惠敏．船舶行业企业重大事故隐患判定标准分析研究［J］．船舶标准化与质量，2016，3：3.

[11] 吴超．安全科学管理学［M］．北京：机械工业出版社，2018.

[12] 陈晓彤．安全生产实务与案例分析［M］．重庆：西南大学出版社，2011.

[13] 郭喜林．安全风险分级防控和隐患排查治理双重预防机制建设指南［M］．北京：石油工业出版社，2020.

[14] 袁飞云，李永林，郑斌．四川藏区高速公路斜坡地质灾害防范对策［J］．地质灾害与环境保护，2018，29（2）：23-27.

[15] 雷开云．藏区高速公路病害及防治研究综述［J］．工程建设与设计，2022，21：75-77.

[16] 张宇，袁龙涛．藏区高速公路长下坡路段行车安全影响因素［J］．交通世界，2022，31：11-13.